AF296377

# RELATION

DES

## OPÉRATIONS DE L'ARTILLERIE FRANÇAISE

### EN 1823,

## AU SIÉGE DE PAMPELUNE,

### ET DEVANT SAINT-SÉBASTIEN ET LÉRIDA.

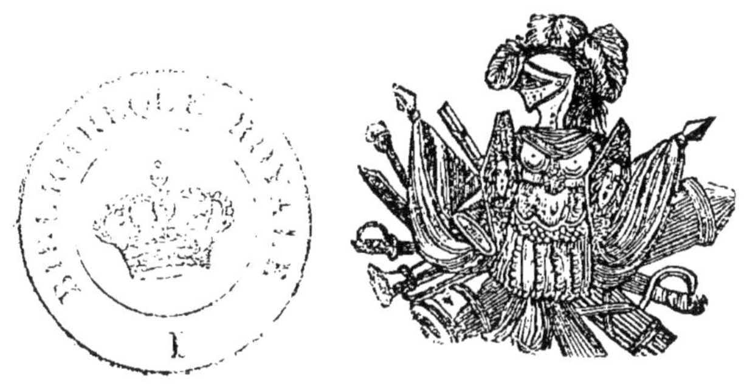

## PARIS.

### J. CORRÉARD JEUNE, ÉDITEUR,

RUE DE TOURNON, N° 20.

—

1835

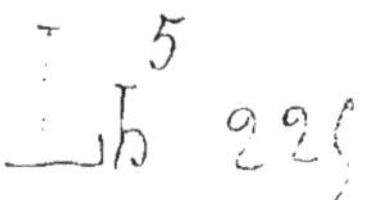

# RELATION

DES

## OPÉRATIONS DE L'ARTILLERIE FRANÇAISE

### EN 1823,

### AU SIÉGE DE PAMPELUNE,

ET DEVANT SAINT-SÉBASTIEN ET LÉRIDA.

---

*Ordre de faire la reconnaissance de Pampelune.*

Pendant l'investissement de Pampelune, et quelque temps avant que le siége en fût résolu, M. le lieutenant-général vicomte Tirlet, commandant en chef l'artillerie de l'armée française en Espagne, avait ordonné que les officiers d'artillerie du 3ᵉ corps, commandé par le prince de Hohenlohe, fissent une reconnaissance de la place et se missent à même de fournir, au besoin, tous les renseignemens qui pourraient leur être demandés.

MM. le chef de bataillon Henraux (1), commandant deux batteries de campagne du 3ᵉ corps, le capitaine Guy (A. M.), adjoint à l'état-major, et le lieutenant Bouchon, de la 7ᵉ compagnie du 8ᵉ régiment d'artillerie à pied, s'occupèrent avec beaucoup de zèle de ce travail difficile et souvent dangereux. Il n'est peut-être pas inutile d'en présenter ici l'analyse, avant de faire connaître les opérations militaires dont il fut suivi.

*Situation topographique de la Place.*

Pampelune est situé dans un bassin assez vaste entouré de montagnes, la plupart fort élevées et éloignées de la ville

(1) Nommé depuis lieutenant-colonel.

d'une à deux lieues; ces montagnes sont généralement nues, et ne présentent que quelques chênes-verts, épars, de peu de hauteur et peu utiles dans un siége.

Ce bassin, très accidenté, est partagé en deux parties à peu près égales par l'Arga, rivière de 20 à 24 mètrs de largeur moyenne, dont les bords sont presque partout escarpés, et qui va se jeter dans l'Ebre.

La ville est placée comme en amphitéâtre sur la rive gauche de l'Arga, beaucoup plus élevée que la rive droite. Quatre routes principales et assez belles y conduisent : au nord, celle de Tolosa, à l'est, celle de Ronceveaux, au sud, celle de Tudéla, et à l'ouest, celle de Puente de la Reyna.

Deux ponts en pierres, à couvert des feux de la place et bâtis, l'un à 2200 mètres de ses glacis, et l'autre à 4200 mètres, établissent la communication entre les deux rives. Il existe plusieurs autres ponts sous les murs mêmes de la ville.

Le terrain qui l'environne est coupé de monticules et de ravins qui permettent de l'approcher, sans être vu, jusqu'à 500 mètres dans quelques endroits, principalement du côté de la citadelle.

L'Arga baigne la ville de deux côtés; elle longe toute la partie est, et, après avoir décrit un assez grand circuit, elle passe au pied de l'escarpement de la partie nord. Le faubourg de la Rochapéa se trouve sur cette portion de la rive droite.

La rivière n'ajoute qu'un degré de force assez précaire à l'enceinte; dans les plus grandes pluies ses eaux ne sont pas sujettes à déborder, et ne peuvent la protéger par des inondations. Ce n'est, à bien dire, qu'une espèce de torrent qui serait guéable en plusieurs endroits, si des barrages, pratiqués pour le jeu de quelques usines, n'augmentaient singulièrement sa profondeur. Du reste, ses berges, surtout celle qui est du côté de la place, sont d'un accès très difficile; sur plusieurs points elles ont de 12 à 16 mètres d'élévation.

Trois hauteurs principales dominent la place : ce sont, au nord, celles 1° de Saint-Christoval, placée à gauche de la route de Tolosa à Pampelune; 2° de Sainte-Lucie, à droite de la même route; 3° à l'est, celle de Mendillory, située à gauche de la route de Saint-Jean-Pied-de-Port. Elles sont jetées, les deux premières, à 2000 mètres environ, et la dernière, à 15 ou 1600 mètres de la ville. Quelques mamelons plus rapprochés offrent des positions plus favorables à des batteries d'attaque.

Fortifications du Corps de Place.

Les ouvrages qui défendent Pampelune sont d'anciennes murailles qu'on a renforcées par des bastions aussi réguliers que les localités ont permis de les faire, et par une bonne citadelle située sur le même plateau que la ville, et ayant sur elle peu de commandement.

Partie Ouest.

La partie ouest de la ville est défendue par les bastions de la Taconera et Gonzague. Le premier se lie à la citadelle par une courtine brisée, et est renforcé par une demi-lune irrégulière dont la face gauche, ainsi que le flanc gauche du bastion, ont le défaut d'offrir, après la prise de la place, deux batteries contre la citadelle. Une courtine protégée par une demi-lune réunit le bastion Gonzague au bastion de la Taconera. Une contre-garde sans embrâsures est placée sur la droite du premier bastion. L'une et l'autre ont un assez grand commandement sur la campagne où se trouve le faubourg de la Rochapéa.

### Partie Nord.

En face de ce faubourg, tout le long de la partie nord
de la ville, est une immense courtine, brisée en plusieurs
endroits, qui n'a guère plus de 4 à 5 mètres de hauteur;
mais le terrain sur lequel elle est assise est très escarpé.
L'Arga et les feux d'un troisième bastion (Saint-Roch) ren-
dent d'ailleurs l'escalade impossible, bien qu'il n'y ait ni
contrescarpe, ni chemin couvert, ni d'autre fossé que la
rivière.

Le bastion Saint-Roch est petit, d'une forme irrégulière,
et bien moins élevé que les courtines qui lui sont adjacentes.
On l'a renforcé d'une contre-garde à sa gauche, encore
moins élevée, ayant principalement pour objet de flanquer
par des feux presque rasans le talus fort raide de la grande
courtine et la route de Tolosa.

A l'angle nord-est de la ville, sont les bastions Reding, et
de France, tous les deux contre-gardés et flanqués par une
demi-lune très basse et ayant l'avantage de bien battre les
différens abords de la rivière, qui fait un assez long détour
en cet endroit. Cette demi-lune est dominée et un peu enfilée
par le mont Saint-Christoval; mais ce commandement est
assez éloigné.

### Partie Est.

A l'est se trouve une longue muraille brisée, tirant sa force
de la rivière qui en baigne le pied, de l'escarpement du terrain sur lequel elle est bâtie, des bastions de France et d'Albret qui la terminent, et enfin de la lunette Bartholomeo,
placée en avant et à droite de ce dernier bastion. Le bastion
d'Albret a un très grand commandement sur la rive droite
de l'Arga, quoique vu des hauteurs de Saint-Christoval et de

Mendillory. Il est entouré, probablement à cause de sa grande hauteur, par un mur de soutenement en terrasse. Comme la partie nord, la partie est de l'enceinte n'a pas de chemin couvert, et la rivière sert de fossé.


### Partie Sud.

Les fortifications, au sud de Pampelune, se composent de la lunette Bartholomeo, du bastion Saint-Nicolas, renfermant un cavalier, et d'un demi-bastion se raccordant avec la citadelle au moyen d'une longue face flanquée par une bonne demi-lune sur la route de Tudela. Une autre demi-lune, ayant une assez grande saillie sur la campagne, couvre la courtine des bastions d'Albret et de Saint-Nicolas, et flanque convenablement la lunette Bartholomeo. Cette lunette, dans une position avancée et très-élevée, est entièrement revêtue et fermée, à sa gorge, par un mur crénelé et bastionné. Elle prend une belle découverte sur les environs; aussi est-elle hérissée de canons prêts à battre dans toutes les directions.

Les escarpes du bastion Saint-Nicolas et du demi-bastion qui est à sa droite n'ont que 5 à 6 mètres de hauteur; les contrescarpes ne sont pas revêtues pour la plupart; mais toute cette partie de l'enceinte, assez forte par elle-même, le devient encore davantage par les feux que la citadelle peut lui fournir.


### Fortifications de la Citadelle.

La citadelle, située au sud-ouest, est un pentagone régulier de 300 mètres environ de côté extérieur; elle a pour but principal de couvrir les deux côtés de la ville qui ne sont pas baignés par l'Arga, et de défendre le plateau, presque hori-

zontal, de 3,000 mètres environ de longueur sur 600 à
1,600 mètres de largeur, qui se trouve en avant des fronts
ouest et sud du corps de place.

Les bastions de la citadelle ont tous double flanc; la batterie du flanc bas est cachée par une espèce d'oreillon. Les
deux demi-lunes qui regardent la campagne y prennent une
saillie considérable et ont chacune un réduit et des coupures.
Les deux bastions qui leur sont adjacens contiennent chacun
un cavalier revêtu, armé, et ayant des commandemens assez
étendus.

La courtine du front sud-ouest, où se trouve la porte de
secours, renferme des souterrains voûtés à l'épreuve pouvant
abriter 600 hommes. Les escarpes ont de 10 à 12 mètres;
les contrescarpes de 4 à 5 mètres de hauteur; les fossés sont
larges; les glacis, qui n'ont qu'une quarantaine de mètres,
laissent bien à découvert les cordons des escarpes.

Aucun dehors ne protége la citadelle, si ce n'est le fort
du Prince, sur la route de Tudela; mais il a peu de valeur.

Toutes les fortifications, tant de la place que de la citadelle, sont revêtues en maçonneries jusqu'aux embrâsures et
plates-formes des batteries.

L'ensemble de ces ouvrages présente un tout assez fort,
qu'une garnison de 7 à 8000 hommes, bien commandée et
approvisionnée, peut long-temps défendre.

### Force de la Garnison.

Les troupes constitutionnelles, sous les ordres du gouverneur don Salvador, paraissaient vouloir opposer une vive résistance. On évaluait leur nombre à 3,500 soldats, dont 60
de cavalerie et 130 à 150 d'artillerie, ce qui serait insuffisant
pour la défense de la place et de la citadelle; mais on y

comptait près de 5,000 volontaires, soit de la ville, soit des environs, qui s'y étaient renfermés pour seconder la garnison; 200 d'entre eux étaient principalement affectés et exercés au service de canonniers.

L'artillerie nécessaire pour la défense doit être de 130 à 150 bouches à feu. Pampelune en contenait plus de 200 de tous calibres. Il y en avait pendant le blocus 84 en batterie, savoir :

| | | | | | | |
|---|---|---|---|---|---|---|
| 1 pièce de 36 | | 19 pièces de 12 | | 8 obus. de diff. cal. | | 12 |
| 7 — de 24 | 23 | 15 — de 8 | 49 | 4 mortiers, *idem*. | 12 49 | 84 |
| 15 — de 16 | | 15 — de 4 | | | | 23 |

Les approvisionnemens en poudre, projectiles, etc., paraissaient aussi être très abondans; ceux en vivres l'étaient moins

Position des Troupes du Blocus.

Les troupes qui formaient le blocus de Pampelune occupaient tous les villages qui l'entourent, dans un rayon de 2,000 à 6,000 mètres. Ces villages sont heureusement placés pour envelopper et surveiller les issues principales. Le petit nombre de chemins importans qui s'en éloignent un peu était gardé par des postes permanens qui s'étaient retranchés.

Les Navarrais du colonel Juanito et les Aragonais du général d'Espagne, qui formaient une division de l'armée de la Foi, étaient cantonnés dans des villages, sur les routes de Tudela et de Puente de la Reyna. Les Français défendaient tous les autres points.

Trois petites redoutes, construites par le génie, étaient dans l'enceinte du blocus : l'une avait pour objet de dé-

fendre le pont de Bourlada, une autre celui de Sainte-Lucie;
la troisième, construite sur une des hauteurs de ce nom,
avait été destinée dans le principe, par ordre du lieutenant-
général de Conchy, commandant les troupes du blocus, à
recevoir une ou deux pièces de 16 qui auraient été disposées
de manière à battre, en cas de sortie, toute la plaine que
traverse la route de Tolosa. Les sorties furent peu nom-
breuses; la vivacité avec laquelle les premières furent re-
poussées en imposa à l'ennemi, et l'on n'eut pas recours à
ces pièces de gros calibre. Une seule batterie de campagne
(capitaine Doublet, du 8ᵉ à pied) fit partie des troupes du
blocus; elle était cantonée à Berrio-Suso, sur le 1ᵉʳ degré du
mont Saint-Christoval, d'où l'on découvre parfaitement la
ville, et où était le quartier-général de la 7ᵉ division (général
de Conchy). On y adjoignit plus tard, lorsqu'il fut question
du siége, une batterie à cheval (capitaine Lacoste) appartenant au 5ᵉ corps d'armée.

### Formation d'un Parc de Siége à Bayonne.

Depuis l'ouverture de la campagne, un équipage de siége
se formait à Bayonne. Il devait d'abord être composé de
48 bouches à feu. Une vérification de celles qu'on lui des-
tinait fit reconnaître au colonel Marion, directeur des fonde-
ries, appelé par ses fonctions dans cette ville dans les premiers jours d'avril, que, sur ces 48 pièces, il n'y en avait réellement que 14 qui fussent de service. Le colonel Marion reçut
aussitôt l'ordre d'échanger ces pièces contre d'autres en bon
état prises dans les places des Pyrénées. Sur la proposition
du lieutenant-général Tirlet, les bases de l'équipage de siége
furent augmentées, et il fut arrêté qu'on le formerait provisoirement de 60 bouches à feu.

Le colonel Gérin fut nommé directeur de l'équipage. Il ne négligea rien pour le pourvoir de tous les objets nécessaires; mais diverses circonstances en empêchèrent l'organisation. Vers la fin de juin, le parc n'était encore que de 55 pièces, en y comprenant même plusieurs de celles qui auraient dû être échangées, et il s'en fallait de beaucoup que, dans le parc réduit à ces proportions, tout fût au complet.

Conférence tenue à Madrid sur le Siége projeté de Pampelune.

Au commencement de juin, le duc d'Angoulême tint à Madrid une conférence où furent appelés MM. le major-général de l'armée comte Guilleminot, le lieutenant-général commandant en chef du génie vicomte Dode de la Brunerie, le lieutenant-général commandant en chef de l'artillerie, vicomte Tirlet, et le directeur-général des parcs d'artillerie, baron Bouchu. La question du siége de Pampelune fut discutée devant le prince.

Les mouvemens projetés contre Séville et Cadix allaient étendre la ligne de nos opérations. Une grande partie du 3e corps qui bloquait Pampelune devenait nécessaire pour assurer les communications de l'armée au delà de l'Ebre. La prise de la capitale de la Navarre, que beaucoup d'Espagnols regardaient comme inexpugnable, devait produire une forte impression sur les esprits, et faire nécessairement tomber d'autres places dont le blocus disséminait et paralysait nos forces. Si la guerre se prolongeait, les troupes employées à ces blocus auraient beaucoup à souffrir, en hiver, dans un pays de montagne, où les approvisionnemens seraient difficiles et fort dispendieux. Les succès de l'armée devant Cadix et en Catalogne seraient plus certains et plus prompts s'ils étaient précédés d'autres succès importans. Nos armes, victorieuses à la fois sur tous les points de la Péninsule, brilleraient d'un plus grand éclat......... Ces motifs étaient bien suffisans pour faire désirer le siége.

Les moyens disponibles de l'artillerie, qui joue toujours un si grand rôle dans l'attaque et la défense des places, durent être présentés au conseil.

Après les avoir particulièrement examinés, quelques membres émirent une opinion négative, fondée principalement sur l'insuffisance du parc de siége qui était réuni à Bayonne et sur la très grande difficulté de se procurer des moyens de transport. Les généraux d'artillerie répondirent que, bien que certaines pièces de ce parc ne fussent pas en très bon état, elles pourraient cependant, si l'on était forcé de s'en servir, être employées utilement en les tirant avec des boulets ensabottés, ainsi que cela s'était fait avec succès en plusieurs circonstances; et notamment en 1820 et 1821, aux épreuves à La Fère. Le général Tirlet ajouta que la composition du parc de siége, qu'on avait d'ailleurs encore le temps de compléter, ne devait pas être un obstacle à l'exécution des projets du prince généralissime; que le corps de l'artillerie avait su, dans tous les temps et dans toutes les guerres, se procurer les ressources dont il avait eu besoin, et qu'il ne serait certainement pas en défaut dans celle-ci. Ce général fit enfin observer avec énergie qu'il était seul responsable, et qu'il répondait sur sa tête de toutes les parties du service qui lui avait été confié.

M. le maréchal marquis de Lauriston est chargé d'entreprendre le Siége.

Quelques jours après cette conférence, le prince décida que le siége serait entrepris, dans les premiers jours de septembre par les troupes du 5ᵉ corps commandé par M. le maréchal marquis de Lauriston.

Le général baron Bouchu, directeur général des parcs d'artillerie de l'armée et qui avait donné, dans la conférence précitée, plusieurs renseignemens importans sur l'artillerie réunie à Bayonne et sur les ressources qu'elle pouvait offrir, fut désigné pour commander l'artillerie du siége. Il se rendit aussitôt auprès de M. le maréchal Lauriston, à Bayonne, pour prendre ses ordres et hâter l'organisation du personnel et du matériel d'artillerie qui devait être dirigé sur Pampelune.

### Mesures prises pour augmenter le Personnel et le Matériel du Parc de Siége.

Cette place étant, comme on a vu, susceptible d'une bonne défense, et le prince ayant ordonné que le siége fut poussé avec vigueur, le lieutenant-général commandant en chef l'artillerie de l'armée prit des mesures qui doublèrent en très peu de temps les moyens du parc de siége. Des bouches à feu et des projectiles furent pris dans les places frontières de la France et dans quelques villes d'Espagne. Toulouse, Saint-Jean-Pied-de-Port, Navarreins, les forges de Larrau envoyèrent tout le matériel qui ne leur était pas indispensable. Sarragosse fournit des affûts, Ségovie quelques pièces de gros calibre, Burgos 5 à 6 mille bombes de 12 pouces et boulets de 24.

Des rouliers de la compagnie Noël, mis à la disposition de l'artillerie par l'intendance militaire, furent chargés de leur transport devant Pampelune. L'intendance avait aussi annoncé qu'elle céderait à l'artillerie pour ses convois 62 voitures de la compagnie Ouvrard. On compta peu sur ces attelages; ils furent en effet promis, mais ne furent point livrés.

Les sabots, pour boulets de 24 et de 16, dont on devait avoir besoin furent commandés à Vittoria; ils y étaient confectionnés en moins de temps et à meilleur marché qu'à Bayonne, où tout était hors de prix. On fit aussi reconnaître adroitement, pour ne rien ébruiter et ne rien renchérir, dans les arsenaux ainsi que dans les magasins de la marine militaire et de la marine marchande ce qu'elles pourraient procurer soit par ordre, soit par achat. Des bois, des fers, des toiles goudronnées, etc., furent obtenus par cette voie. Il en fallait non seulement pour Pampelune, mais encore pour Cadix, où des bâtimens, frétés à Bayonne, allaient transporter plusieurs compagnies de canonniers. L'équipage de ponts qui était rassemblé dans cette dernière place put donner, sans aucun dérangement dans sa composition, quelques bois et cordages, car rien n'était à négliger.

Le colonel Zévort venait d'être nommé directeur de l'arsenal de Bayonne. Tous les travaux y furent conduits avec une nouvelle activité. En 13 jours, il y fit construire 45 affûts de siége par des détachemens des 2e et 5e compagnies d'ouvriers d'artillerie, sous les ordres des capitaines Even de Vincé et Baudin, deux de nos meilleurs constructeurs.

Dix artificiers du parc général de campagne en furent détachés pour hâter la confection des munitions de toute espèce nécessaires pour le siége.

Les mouvemens intérieurs du parc exigeaient beaucoup de soins et de méthode, conditions plus que jamais indispensables pour prévenir les erreurs, les retards, les avaries. Le nombre des gardes et des capitaines en second qui y étaient employés fut augmenté. Parmi ceux-ci, on eut à regretter la mort d'un jeune et bon officier, M. Devèze.

La 5e compagnie du 7e régiment d'artillerie à pied était seule attachée au parc ; elle avait suffi pendant long-temps. 10 nouvelles compagnies, dont 4 complètes à 100 hommes et les six autres à 80, furent désignées pour les diverses opérations du siége. 3 compagnies appartenant aux 3e et 5e corps, la 2e compagnie d'ouvriers et une compagnie de canonniers du parc général de campagne, participèrent aussi aux travaux. 7 compagnies du train furent affectées aux mouvemens et transports du gros matériel. On y employa plus tard 7 compagnies des 3e et 5e corps et 2 autres destinées pour le parc général de campagne à Madrid.

En tout : 15 compagnies de canonniers et 16 du train d'artillerie.

La 7e compagnie du train des équipages militaires fut momentanément employée avec ces dernières et avec les 64 voitures (290 chevaux) de la compagnie Noël.

Le sieur Cigarroa entreprend le Transport d'une partie de l'Artillerie.

Il était indispensable de recourir à des moyens plus puissans pour le transport des projectiles et de quelques attirails. Dans les circonstances où l'administration de l'armée était alors placée, c'était une des grandes difficultés que l'artillerie avait à vaincre, et l'une des principales objections qui avaient été faites contre la possibilité du siége. Il s'agissait de trouver un entrepreneur qui pût en quelques jours réunir et mettre en mouvement 1,000 à 1,200 voitures, et qui se contentât d'un bénéfice raisonnable ; car l'artillerie, invariable dans ses principes d'économie, ne voulait pas, sans une urgence bien constatée, passer aucun marché qui devînt trop onéreux pour l'Etat.

Le sieur Cigarroa, propriétaire à Orogne (département des

Basses-Pyrénées), fit des propositions qui purent être agréées. En moins d'une semaine, presque toutes les voitures bouvières du pays furent à la disposition de ce maître de poste, probe, actif, et qui a constamment mis dans ses relations avec les officiers d'artillerie une bonne foi et un désintéressement d'autant plus dignes d'être remarqués que l'on en a trouvé bien peu d'exemples pendant cette guerre.

### Ordre de s'occuper de la Rédaction d'un Projet d'attaque.

En même temps que tous ces préparatifs d'une grande opération se faisaient, les officiers qui devaient faire partie de l'état-major du commandant de l'artillerie du siége recevaient l'ordre de s'occuper de la rédaction d'un projet d'attaque. Dès le 8 juillet, le lieutenant-général commandant en chef l'artillerie de l'armée écrivait au colonel Lefrançais, commandant l'artillerie du 3ᵉ corps : « Il paraît » qu'on a le projet d'attaquer Pampelune par la citadelle; » ce projet est motivé sur ce qu'il faudrait deux siéges au » lieu d'un, si l'on attaquait par la place. D'après les rapports » que j'ai entendus de personnes qui connaissent la citadelle, » l'attaque sur un de ses fronts doit présenter de grandes » difficultés, à cause de la solidité des escarpes et de la diffi » culté de placer des batteries de manière à battre les revête » mens assez près du fond des fossés pour rendre la brèche » praticable. On dit aussi que le terrain environnant est très » difficile et qu'on trouve le roc à peu de profondeur. S'il » y a tant de difficultés à surmonter, qui pourraient peut » être rendre le succès de l'attaque douteux, il vaudrait » mieux faire deux attaques : l'une qui serait sûre et facile sur » l'enceinte du corps de place, à l'endroit le plus faible; » l'autre sur la partie de la citadelle qui donne sur la ville,

» partie ordinairement très faible. On ne peut bien juger de
» celui des deux partis qu'il serait préférable de prendre, sans
» avoir bien étudié les fortifications sur les lieux. Je vous prie
» de charger l'officier que vous jugerez le plus propre à cette
» reconnaissance de se rendre devant Pampelune, d'examiner
» les dificultés que présenteraient l'attaque par la citadelle et
» celle par la place, et de rédiger un rapport dans lequel il dira
» laquelle des deux attaques est préférable.»

Le lieutenant-colonel Henraux, qui avait pris part aux
siéges de l'armée d'Aragon, dans la précédente guerre, fut
choisi pour cette importante mission. Le 25 juillet, il fit une
reconnaissance très détaillée des ouvrages de la place et de la
citadelle. Son rapport fut accompagné de ceux qu'avaient
faits de leur côté, sur quelques détails, le capitaine Guy et
le lieutenant Bouchon.

Le colonel Gérin, directeur du parc de siége, fit également
ment un rapport sur l'état de la route de Bayonne à Pampelune et sur l'emplacement qui pouvait convenir à un parc de
siége devant cette dernière place; question tellement liée,
comme on sait, au choix des points d'attaque que plus d'une
fois les uns ont été subordonnés à l'autre.

Par suite de ces renseignemens, tous transmis au général
Bouchu, et de ceux que MM. le maréchal de Lauriston et le
général Garbé, commandant le génie du siége, possédaient
ou faisaient prendre de leur côté, il fut arrêté :

Plan d'attaque.

1° Que la principale attaque serait dirigée contre le front
le plus saillant de la citadelle.

2° Qu'une fausse attaque serait en même temps dirigée
contre une des longues courtines de la ville, mais plus près
de ce dernier bastion que du premier.

3° Que le parc de siége serait réuni au village d'Arazury.

De tous les plans d'attaque qui furent présentés et discutés, celui-ci paraissait le mieux motivé.

Les auteurs de ce plan disaient :

### Motifs du Projet d'Attaque.

» Une fois maîtres de la citadelle, nous le serons aisément
» de la ville. La garnison, après avoir échoué dans la défense
» de son point le plus fort et après y avoir consommé une
» grande partie de ses ressources en tous genres, ne tardera
» pas à capituler. Le caractère connu de don Salvador, ses an=
» técédens militaires et politiques ne permettent pas de dou·
» ter qu'il ne veuille se défendre en homme d'honneur; mais
» il ne compromettra jamais la fortune et l'existence d'une
» nombreuse population.

### La principale attaque doit être dirigée contre la Citadelle.

» Diverses notions portent à croire qu'après les pertes, les
» privations et les angoisses d'un blocus de cinq mois, un fer-
» ment de désunion commence à naître parmi les troupes,
» les réfugiés et les habitans. Ceux des défenseurs de la cita-
» delle qui échapperont à nos coups, fussent-ils résolus à sou-
» tenir un second siége, il est peu probable que les habitans
» poussent le dévoûment pour la cause constitutionnelle
» jusqu'à s'ensevelir avec eux sous les ruines de leurs propres
» maisons. Ces habitans nous prêteront, au besoin, main forte
» pour désarmer les plus exaltés de leurs compatriotes. Si,
» au contraire, laissant la citadelle, nous commençons par
» attaquer la ville, outre que cette attaque nous offrira aussi
» d'assez grands obstacles, nos premiers efforts paraîtront
» dirigés contre les habitans, au lieu de l'être contre la gar-
» nison, notre seule ennemie.

» Dans une guerre où nous venons en auxiliaires et en li-
» bérateurs, il importe plus que jamais de ne pas frapper en
» aveugles et de bien marquer le but pour que les victimes
» ne soient pas confondues.

» Si les troupes parvenaient à se réfugier seules dans la
» citadelle, elles tiendraient à honneur de ne pas la rendre
» sans un nouveau siége. Il est vrai que les difficultés en se-
» raient diminuées par la nature des ouvrages à attaquer, par
» le plus de chances qu'on aurait de multiplier les pertes de
» l'ennemi dans un espace aussi resserré qu'une citadelle et
» où il y a, dit-on, peu de bâtimens à l'épreuve, enfin par
» des moyens d'attaque tout préparés que présenteraient les
» rues de la ville, le bastion de la Taconnera et sa demi-lune,
» l'un et l'autre mal dirigés et dont alors nous serions maî-
» tres. Mais, tout calcul fait, une attaque contre la ville sui-
» vie d'une autre contre les fronts intérieurs de la citadelle,
» quelque faibles qu'on puisse raisonnablement supposer ces
» fronts, exigerait bien plus de temps et serait tout aussi
» meurtrière qu'une seule attaque sérieuse dirigée du dehors
» contre la citadelle.

» C'est quelquefois un moyen d'étonner et de démoraliser
» l'ennemi que de l'aborder franchement là où il se croit le
» plus fort. Nous pouvons à la faveur des plis du terrain nous
» avancer, à couvert des feux de la citadelle, jusqu'à près de
» 400 mètres de ses glacis, et par conséquent nous épargner
» bien des peines et des travaux. A la vérité, le plateau sur le-
» quel la citadelle est bâtie est caillouteux; mais il est partout
» cultivé. Les reconnaissances faites par plusieurs officiers, les
» renseignemens recueillis dans la division de l'armée de la
» Foi employée au blocus, l'examen de quelques contours de
» ce plateau, très escarpés et où le roc ne paraît nullement,
» plusieurs arbres d'une belle venue qu'on y voit encore, des

» rameaux de mines qu'on sait exister sur la capitale de cha-
» que front, tout indique la possibilité, sinon la facilité d'ou-
» vrir des tranchées sur un pareil terrain. On cheminera donc
» avec plus ou moins d'efforts jusqu'aux batteries de brèche
» et jusqu'aux descentes de fossé; après quoi l'artillerie et les
» grenadiers feront le reste.

### Une fausse Attaque doit être dirigée contre la Ville.

» Cependant nos moyens nous permettent de mener de front
» deux attaques. Dirigeons-en une, mais secondaire, contre
» la ville. Outre que cette fausse attaque aura l'avantage de
» diviser les forces de la garnison, de la fatiguer de courses
» et de services; on pourra, par ce motif même, surtout si
» la brèche qu'on essaiera d'ouvrir au corps de place deve-
» nait menaçante, déterminer l'assiégé à abandonner la ville
» pour se borner à la défense unique de la citadelle. Battue
» alors de deux côtés à la fois, celle-ci tombera forcément et
» en peu de jours en notre pouvoir. »

L'attaque principale contre la citadelle étant bien arrêtée,
il n'y avait guère de choix sur les ouvrages à prendre les
premiers.

### Choix du point d'Attaque contre la Citadelle.

» Le bastion n° 2 de la citadelle et les deux demi-lunes col-
» latérales cotées par le génie 2-5, 3-4 sont les moins pro-
» tégés par les feux du corps de place. Cette partie de la ci-
» tadelle est la plus saillante vers la campagne et la plus facile
» à envelopper par des tranchées. On la croirait la plus forte
» parce que, sur ces fronts-là seuls, on trouve des bastions
» avec cavaliers et des demi-lunes avec réduits; mais, par le

»fait, elle est relativement la plus faible, parce qu'il n'y a
»qu'un petit nombre de batteries sur les parties adjacentes
»de l'enceinte qui puissent la bien flanquer. Le terrain en
»avant de ces deux demi-lunes saillantes est horisontal sur
»une assez grande étendue; il est très propre aux détails et
»aux chicanes d'une attaque méthodique. Ce sera le cas de
»les employer toutes et de renouveler la preuve qu'un siége
»n'est ordinairement qu'une partie où l'assiégeant qui suit
»les règles met *tant* de jours à gagner *tant*.

### Choix du point d'Attaque contre la Ville.

»Quant à la fausse attaque, l'assiette de Pampelune indi-
»que qu'il faut la diriger contre la longue courtine qui en -
»forme le côté nord.

»Les fronts situés à l'ouest et au sud se défendent bien par
»eux-mêmes, surtout ceux du sud, dont la lunette Bartho-
»loméo et le fort du prince augmenteraient la résistance. La
»citadelle a été construite principalement pour flanquer ces
»deux côtés de la ville. Ce but est bien rempli : car les bat-
»teries de la citadelle découvrent parfaitement tout le ter-
»rain qui est en avant des bastions Saint-Nicolas, de la Ta-
»connera et de la face gauche du bastion Gonzague. On ne
»peut donc diriger la fausse attaque sur aucun de ces ou-
»vrages. Peut-être seraient-ils d'ailleurs mal placés pour
»faire une diversion très utile à l'attaque principale.

»A l'est, la longue courtine qui joint le bastion d'Albret
»au bastion de France pourrait, suivant quelques officiers,
»être battue en brèche de la rive droite de l'Arga qui semble
»présenter quelques positions favorables à l'artillerie. Mais
»cette courtine et les deux bastions adjacens étant très éle-
»vés, la brèche serait longue à faire et très difficile à fran-

» chir. La double contre-garde du bastion de France, la
» partie gauche de la lunette Bartholomeo et du bastion d'Al-
» bret, fourniraient contre nos travaux plusieurs batteries
» qu'on aurait bien de la peine à éteindre, à cause de leur
« grand relief sur la campagne et de l'éloignement des hau-
» teurs de Mendillory, les seules qui aient vue sur cette partie
» de l'enceinte.

» Il n'en est pas de même de la muraille et des ouvrages
» qui défendent la ville au nord. Ce côté est le plus faible de
» tous. Entre le bastion Gonzague et le bastion Saint-Roch,
» on trouve bien moins de batteries que sur les autres points
» du corps de place. Les approches en seront favorisées par
» quelques accidens de terrain que présente le faubourg de
» la Rochapéa. Les mamelons qui sont derrière ce faubourg
» nous permettront d'établir des batteries pour contre-battre
» celles des bastions Gonzague, Saint-Roch et Reding qui
» pourraient le plus nous inquiéter.

Emplacement du Parc de Siége.

» Il est d'autant plus convenable de diriger la fausse atta-
» que sur cette partie de la ville, la moins garnie de feux, que
» la route de Tolosa vient y aboutir; le parc de siége pourra
» être placé sur la gauche de cette route et à la même dis-
» tance des deux points d'attaque. L'emplacement qui paraît
» le mieux convenir à ce parc est le village d'Arazury, sur la
» rive droite de l'Arga qui en baigne le pied. En avant de ce
» village, se trouve une plaine qui est hors de vue et de portée
» de la place dont elle est à plus de 4,400 mètres et où tout
» le matériel pourra être déposé. Un ancien château, qui est
» à proximité, servira à loger la plus grande partie de nos pou-
» dres. La distance de cet emplacement aux deux points d'at-

» taque, contre la citadelle et contre la ville, est d'une bonne
» lieue d'Espagne. On communiquera avec le dernier point
» (l'attaque contre la ville) par un chemin qui passe à Or-
» coyen, derrière la hauteur de Sainte-Lucie, et qui traverse
» une prairie pour joindre la route de Tolosa. La communi-
» cation avec le premier point (l'attaque contre la citadelle)
» s'établira par un pont sur l'Arga, tout près d'Arazury, et par
» un chemin de voitures qui va joindre la route de Puente de la
» Reyna à environ 1000 toises du front saillant de la citadelle.
» Cette dernière communication est masquée dans toute son
» étendue par une suite de hauteurs qui couvrent sa gauche.
» Le chemin de la fausse attaque sera également couvert jus-
» qu'à la route de Tolosa. Ces deux chemins auront sans doute
» besoin de quelques réparations. Mais ils sont encore les plus
» faciles à entretenir de tous ceux dont il faudrait se servir,
» si le parc avait un autre emplacement que le village d'A-
» razury. Enfin, ce village, au bord d'une rivière, est très
» avantageusement situé pour l'établissement d'un camp du
» train d'artillerie dans un pays où l'eau est rare. »

Telles paraissent avoir été les raisons qui décidèrent le
maréchal Lauriston à adopter, au moins provisoirement, les
bases du projet d'attaque qui vient d'être exposé, et à donner
l'ordre que l'équipage de siége fût rassemblé à Arazury.

### Disposition des Relais du Train d'Artillerie.

Des compagnies du train furent immédiatement placées en
relais depuis Bayonne jusqu'au village d'Arazury, et firent
arriver dans ce dernier endroit les bouches à feu, les poudres
et une partie des autres approvisionnemens. La disposition
des relais était telle que les compagnies du train rentraient
chaque jour à leur gîte, ce qui fatiguait moins et les hommes

et les chevaux : l'échange des voitures se faisait à moitié chemin d'un gîte à l'autre. Toutefois l'attelage et le dételage de deux convois au milieu d'une route, où il n'y a pas toujours l'emplacement convenable pour parquer, offre quelques difficultés, principalement lorsqu'il y a beaucoup de voitures à limonière et qu'il faut adapter des sellettes à des chevaux harnachés à l'allemande; cette disposition fait quelquefois perdre du temps et cause de l'embarras.

### Convois du sieur Cigarroa.

Le sieur Cigarroa commença le 19 juillet l'exécution de ses marchés pour le transport des projectiles. Il les continua sans interruption jusqu'à la fin du siége. Mais il ne pouvait former des relais, les paysans conduisant leurs propres voitures, et ne devant pas être assujétis à les charger et à les décharger matin et soir. Un ordre remarquable fut établi dans ces convois. Chacun était composé de 50 à 60 charrettes bouvières et placé sous la conduite d'un maître d'équipages responsable. Un des premiers soins de cet agent, en arrivant aux lieux d'étapes, était de veiller au ferrage des bœufs, afin d'éviter tout retard dans les marches suivantes. Une assez grande quantité de poudres a été transportée, après les projectiles, sur les charettes du sieur Cigarroa, sans qu'il soit jamais arrivé le moindre accident. Il est vrai qu'avant la sortie de ces poudres du parc, les officiers et les employés mettaient un soin particulier à l'examen des cercles, chapes et barils. Ces objets, dans le pays et la saison où l'on se trouvait, et avec le genre de construction des charrettes en usage dans la Biscaye et la Navarre, demandaient beaucoup de précautions pour éviter des avaries et des événemens malheureux. Les essieux en bois de ces charrettes tournent avec les roues et sont bientôt charbonnés par le frottement contre leurs étriers.

Formation des Ateliers de Gabionnage.

Le premier convoi arriva à Arazury le 25 juillet, et le 22 du mois d'août la plus grande partie de l'équipage s'y trouva rassemblée. A mesure que le personnel de l'artillerie arrivait, il était employé à la confection des gabions et saucissons dont on avait besoin pour l'approvisionnement du siége.

Les ateliers du fascinage furent établis dans deux forêts, le mont Alaïs et Latassa, distantes de près de quatre lieues d'Espagne de Pampelune. Elles furent les seules qu'il fut possible, d'après les rapports de divers officiers, d'utiliser pour cet usage.

La première forêt appartient au roi et est située sur la route de Tudela : la seconde, située sur la route de Tolosa, appartient aux communes. L'artillerie, pour n'avoir pas les bois à payer, obtint du comte d'Espagne, gouverneur de ces parages, qu'il se contenterait de bons ou de reçus à faire valoir, au besoin, auprès du gouvernement espagnol.

5 compagnies d'infanterie furent employées, en même temps que les canonniers, à la confection du gabionnage. Au commencement de septembre, les soldats d'infanterie, dont on avait besoin sous les murs de Pampelune, furent remplacés par des paysans que le général d'Espagne nous procura, mais non sans peine. Il fallut bien leur promettre, pour les faire travailler, de ne pas les mener sous le feu d'une place où, dans leur opinion, nous devions tous être ensevelis. Ces paysans bûcherons coupaient et préparaient les bois, ce qu'ils faisaient bien plus vîte et mieux que les canonniers, qui furent réservés pour la confection des gabions et saucissons, leur principale affaire.

Il fut alloué aux canonniers 0ᶠ 40 c. pour la confection d'un saucisson, 0ᶠ 25 c. pour celle d'un gabion, 0ᶠ 08 c. pour celle d'une fascine, 0ᶠ 75 c. pour la journée de chaque sous-officier surveillant. Pendant les autres travaux extraordinaires du siége, la journée du canonnier ou du soldat d'infanterie ne fut jamais payée plus de 0ᶠ 50 c. le jour, ni plus de 0ᶠ 75 c. la nuit.

Il était plus économique de faire le gabionnage sur place que de transporter à Arazury des matériaux dont la plupart n'eussent pas pu y être employés. Les habitans des villages environnans aidèrent à rassembler les gabions et saucissons confectionnés, sur les grandes routes de Tudela et de Tolosa, les seules qui fussent praticables pour les voitures d'artillerie. Les lieux où se faisaient les coupes étant d'un accès très difficile, des mulets du pays furent aussi employés au transport des bois jusqu'aux ateliers. Pour le même objet, une quarantaine de mulets de bât furent distraits d'une batterie de montagne organisée à Bayonne pour la division du lieutenant-général Bourck, et dont le départ fut regardé comme inutile et contremandé lorsqu'on n'eut plus à craindre des levées de guérillas.

Moyens de l'Artillerie devant Pampelune au 1ᵉʳ septembre.

Au 1ᵉʳ septembre, l'artillerie avait deux dépôts de 2,500 gabions et de 300 saucissons à portée de chaque point d'attaque. Le premier dépôt, à proximité de la ville, était à la Venta de Borda, derrière la hauteur de Sainte-Lucie, à gauche de la route de Tolosa; le second, à proximité de la citadelle, était dans un ravin en avant de la Venta de Zizur-Mayor et à gauche de la route de Puente de la Reyna.

A la même époque, il y avait à Arazury 126 bouches à feu approvisionnées, terme moyen, à 800 coups chacune, plus 30 fusils de rempart approvisionnés chacun à 500 coups (voir le tableau n° 1).

Les compagnies de canonniers présentaient un effectif de 1,367 hommes, parmi lesquels 800 seulement étaient présens sous les armes et en état de faire le service.

Les compagnies du train présentaient aussi, au 1er septembre, un effectif de 1,741 soldats et de 2,747 chevaux. Mais 1,250 hommes et 2,350 chevaux seulement étaient en état de faire le service. Les états n°s 4 et 5 font connaître l'effectif et le numéro de ces compagnies, avec les corps auxquels elles appartenaient.

Ces compagnies d'artillerie et du train n'étaient pas toutes rassemblées devant Pampelune : elles devaient s'en approcher successivement et à mesure des besoins.

Quelques compagnies de canonniers continuèrent la confection des gabions et saucissons.

Plusieurs compagnies du train restèrent en relais pendant toute la durée du siége, pour la communication avec Tolosa, où il existait un dépôt de munitions, et avec Bayonne, où l'on devait se pourvoir successivement pour divers remplacemens.

Les troupes et les chevaux étaient au bivouac sur les rives de l'Arga; le parc de siége était placé, suivant l'ordre accoutumé, dans un champ entre le village d'Anazury et celui d'Orcoyen, où le maréchal devait établir son quartier-général.

#### Danger que courut le principal Magasin à Poudre.

Le 30 août, l'artillerie eut un moment de grandes inquiétudes. Par un de ces phénomènes que l'homme ne peut prévoir, tous nos moyens furent menacés d'une destruction complète. Dans la soirée, un orage se forma à la hauteur d'Ara-

zury. Le tonnerre, après avoir vivement grondé sur le village,
tomba à 24 mètres d'une tour qui servait de principal dépôt
pour les poudres. Un soldat du train et sept chevaux de la
7ᵉ compagnie du 1ᵉʳ escadron furent tués, à quelques pas
seulement de ce magasin. Les poudres qui arrivèrent ensuite
furent réparties dans plusieurs petits dépôts; celles qui ne
purent être logées dans le village furent emmagasinées à Tolosa, d'où, en cas de besoin, on pouvait les faire arriver
promptement à Pampelune.

L'état-major de l'artillerie était réuni sur la fin d'août à
Arazury. Les officiers s'occupèrent alors à compléter l'étude
de la place et de ses environs, et à discuter tous les détails
du projet d'attaque.

Arrivée du maréchal Lauriston devant Pampelune.

Le maréchal de Lauriston arriva le 27 août, et prit le
commandement de toutes les troupes du blocus, composées
de la division de Conchy, du 3ᵉ corps, de la division Pé-
cheux, du 5ᵉ corps, et d'une division espagnole sous les
ordres du comte d'Espagne.

Le quartier-général fut établi à Orcoyen.

Dans la reconnaissance que le maréchal fit immédiatement de la place et de ses environs, il s'assura de l'exacti-
tude des rapports qui lui avaient été faits, et n'y trouva que
de nouveaux motifs de persister dans son premier plan d'attaque. Mais il jugea que, pour faciliter les opérations des
officiers de l'artillerie et du génie, il importait avant tout de
s'emparer des dehors qu'occupait l'ennemi, et de le rejeter
entièrement dans les murs de Pampelune.

L'attaque du couvent San-Pedro, qui était crénelé, du
faubourg de la Rochapéa et du fort du Prince, fut fixée au
3 septembre. Des postes ennemis, assez considérables et pro-

tégés par le feu des remparts, étaient logés dans le faubourg, dont aucune maison n'était encore démolie.

*Dispositions prises pour s'emparer de tous les dehors de l'assiégé.*

Afin d'assurer le succès de cette opération, d'inquiéter la garnison dans ses travaux de défense et de produire sur les habitans une première et forte impression qui épargnerait peut-être les longueurs et les travaux du siége, le maréchal ordonna la construction de 6 batteries de mortiers et obusiers.

L'artillerie signala plusieurs points propres à l'établissement de ces batteries. Les points dont le choix fut approuvé étaient ceux

| | |
|---|---|
| Du Cimetière, | $n^{os}$ 1 |
| De Sainte-Lucie, | 2 |
| Des mamelons, | 3 |
| De Mendillory, | 4 |
| De Puente de la Reyna, | 5 |

Le point le plus éloigné de Pampelune en était à environ 2,000 mètres, et le plus rapproché à 1,100 mètres.

Le 28 août, l'artillerie commença ses travaux. Des accidens de terrains favorisèrent tellement la construction de ces batteries à feux courbes, que quelques-unes purent être commencées en plein jour.

Le 1er septembre au soir, il fut ordonné d'armer Sainte-Lucie (lieutenant Bouchon), les mamelons (capitaine Morel), Mendillory (capitaine Thiery (S.), Puente de la Reyna (capitaine Graffan). On y établit 20 mortiers et obusiers.

Une batterie contre San-Pedro, où l'ennemi était retranché, fut construite au bas d'un des mamelons qui la défilait des feux de la place et armée de 2 canons de 16 et de 1 obusier de 8 (capitaine Doublet).

Une pièce de 8 et 1 obusier de 24, embusqués derrière le couvent des capucins, devaient battre d'autre part le même couvent San-Pedro et soutenir la brigade du général Jamin, chargée de s'en emparer.

Enfin 1 pièce de 8 et 1 obusier de 24, remontant la rive gauche de l'Arga, à la hauteur du Cimetière, devaient battre la Maison-Blanche, où l'ennemi était aussi retranché. Cette section d'artillerie de campagne avait ordre de suivre les mouvemens de la brigade du général Denys de Danremond.

La batterie du cimetière (capitaine Bezault), qui devait jeter des bombes sur les fronts Gonzague et de la Taconnera, ne fut pas armée le 3 septembre : comme elle était la plus rapprochée de la place, le maréchal ne voulut pas que les sorties de la garnison pussent être dirigées, avec quelque apparence de succès, sur un point qu'il jugeait d'un accès encore trop facile.

L'Attaque des dehors a lieu le 3 septembre.

Le 3, à la pointe du jour, les 7 batteries indiquées ci-dessus firent feu, à l'exception de celles de Mendillory et de Puente de la Reyna, qui ne purent commencer le leur que vers 9 heures du matin. Ce retard fut occasioné par la difficulté de faire arriver le matériel par des chemins de traverse fort mauvais qui n'avaient pu être qu'imparfaitement réparés.

L'artillerie de la place ne tarda pas à répondre à la nôtre. Les bastions Gonzague, Reding et Saint-Roch, firent feu de toutes leurs pièces contre nos batteries et contre les colonnes d'infanterie qui, l'arme au bras, s'avançaient avec beaucoup d'ordre et d'intrépidité vers le couvent San-Pedro, point principal à prendre pour arriver au faubourg. Mais la justesse avec laquelle tirèrent nos canonniers, et surtout ceux des batteries contre San-Pedro, fit déloger promptement l'ennemi du couvent et de la Maison-Blanche.

L'infanterie occupa ces deux postes vers 7 heures du matin, sous les yeux des Espagnols qui bordaient la longue courtine des bastions Saint-Roch et Gonzague; malgré l'artillerie des deux bastions, elle s'empara successivement de toutes les maisons du faubourg de la Rochapéa, et parvint à s'y maintenir.

Quelques voltigeurs, emportés par une bravoure aveugle jusque sur les bords de l'Arga, qui coule entre la ville et le faubourg, demandaient déjà des échelles pour escalader des remparts dont ils n'étaient, disaient-ils, séparés que par un petit ruisseau. Suivant l'usage, on commençait même à murmurer dans leurs rangs contre l'artillerie et le génie, qui n'avaient, bien entendu, rien préparé pour faire réussir ce moyen brillant mais peu certain de terminer le siége dans une matinée.

Les feux contre San-Pedro devenant inutiles, il fut ordonné qu'ils seraient dirigés, autant que possible, contre les bastions de France et Reding. La direction de l'embrâsure de l'une des pièces de 16 ne permettant pas de battre ces points, les canonniers, encouragés par la présence du général Bouchu, d'un mouvement spontané, la mirent en batterie en rase campagne.

De son côté, la division auxiliaire espagnole s'était rendue maîtresse du fort du Prince, position très importante, puisqu'on aurait pu, de là, prendre à revers la tranchée qui allait s'ouvrir contre la citadelle et les batteries qui devaient la protéger.

A midi, l'ennemi était renfermé dans la place, et nous occupions tous les dehors.

L'artillerie, dans cette belle journée, fit son devoir; elle montra qu'elle ferait mieux encore dans des circonstances plus décisives. Les canonniers, quoique jeunes pour la plupart, et fatigués des travaux des jours et nuits précédens, s'employèrent bien et manisfestèrent une sorte d'impatience d'en venir à une action générale. La section d'artillerie mobile s'avança avec vigueur sur la Maison-Blanche, sous les ordres du lieutenant Bollenot, du 1er régiment. L'autre section mobile, placée dans les Capucins et commandée par le capitaine de Barreau, prépara, par des coups portés à propos, l'élan généreux de l'infanterie, courant ensuite sur le couvent crénelé.

Les sergens Lemoine, du 1er régiment d'artillerie à pied, Derolez, du 8e, et le caporal Allary, aussi du 8e, furent cités avec distinction. Les capitaines Morel et Doublet reçurent des éloges du commandant de l'artillerie.

Le colonel Saint-Germain, du 3e de ligne, fut blessé mortellement; un chef de bataillon du même régiment eut le bras emporté; nous eûmes à regretter un assez grand nombre de tués et de blessés.

La consommation en munitions fut de 137 boulets de 16, 65 boulets de 8, et 650 projectiles creux.


4 septembre.


La journée du 3 fut le passage de l'état de blocus à l'état de siége. Elle eut pour résultat de rendre inutile la construction d'une première parallèle contre la citadelle, et de permettre de porter sur ce point nos travaux à la hauteur de la deuxième parallèle. Toutes les troupes prirent des positions plus rapprochées de la place ; il fallut dès lors commencer l'exécution du projet d'attaque dont les motifs ont été déjà développés.

Un des premiers soins du général Bouchu fut de régler le service des batteries pendant le siége : c'est dans ce but que fut publié l'ordre du jour suivant :

« Les capitaines commandans de batteries rendront direc-
» tement compte du service (personnel et matériel), pen-
» dant 24 heures, à chacun des chefs de bataillon ou d'esca-
» dron de leur arrondissement. Ceux-ci feront immédiatement
» et sommairement leurs rapports à M. le lieutenant-colonel
» Henraux, chargé de la surveillance des batteries et des tra-
» vaux, qui remettra aussitôt ces rapports, avec ses annota-
» tions, s'il y a lieu, à M. le colonel Lefrançais, chef de l'état-
» major de l'artillerie du siége. Ce colonel, après avoir pris
» les ordres du général commandant l'artillerie, les trans-
» mettra au plutôt à M. le maréchal.

» M. le lieutenant-colonel Henraux fera ensorte, qu'à
» moins de circonstances extraordinaires, M. le colonel Le-
» français ait reçu de lui les rapports journaliers à 10 heures
» du matin au plus tard. — Pour prévenir toute espèce de
» retard dans les envois de matériel, les commandans des
» batteries feront, sans intermédiaire, leurs demandes écrites
» au directeur du parc de siége, et ils les feront d'une manière
» précise, claire, et sans exagération. — Un officier supérieur
» du parc de siége, accompagné d'un officier d'ouvriers,
» visitera, tous les trois jours, toutes les batteries de la
» droite et de la gauche de l'attaque, afin de connaître plus
» particulièrement les exigences de chaque batterie. Deux
» capitaines adjoints au parc, dont un pour les batteries de
» droite, et l'autre pour celles de gauche, devront faire jour-
» nellement la visite de ces batteries, pour que les approvi-

» sionnemens et réparations soient toujours au courant. L'offi-
» cier supérieur et le capitaine adjoint du parc de siége ren-
» dront directement compte au colonel de ce parc, qui prendra
» aussitôt ses mesures, et sans intermédiaire. — Dans le cas où
» il y aurait des demandes extraordinaires, le colonel Gérin,
» avant d'ordonner, en référerait au général commandant
» l'artillerie. — Le colonel chef d'état-major devant connaître
» tous les mouvemens et détails du train d'artillerie employé
» au siége, le directeur du parc lui donnera la note de la
» quantité présumée d'attelages de piquet dont il aurait besoin
» pour le service du parc et les convois aux batteries. En cas
» d'absence du chef d'état-major, et pour des besoins pressans,
» le directeur du parc donnerait aussitot ses ordres à l'adju-
» dant-major Vivian, chargé des détails relatifs au train d'ar-
» tillerie.

» Les capitaines commandant les batteries feront payer
» chaque jour, *sans aucune retenue*, aux canonniers qu'ils
» auront employés pour les travaux, l'indemnité qui leur
» aura été accordée. Le directeur du parc de siége fera à cha-
» cun de ces capitaines les avances nécessaires. Ils en ren-
» dront compte par des pièces justificatives en règle. — Lors-
» qu'une compagnie entière sera employée pendant plusieurs
» jours de suite aux travaux du siége, le capitaine fera met-
» tre en réserve par les chefs d'escouade, pour améliorer l'or-
» dinaire, une portion de l'indemnité allouée aux canonniers.
» Dans tous les cas, les capitaines régleront l'ordinaire de leurs
» canonniers de manière qu'ils fassent deux fois la soupe par
» jour, et qu'ils puissent, autant que possible, la manger le
» matin avant d'aller au travail ou en batterie. Cette précaution
» est essentielle pour conserver la santé de nos hommes, qui
» le plus souvent est altérée par des alimens malsains et parce
» qu'ils mangent à des heures irrégulières lorsque la compagnie

» ne fait qu'un repas par jour. — Pour assurer la distribution
» régulière des vivres et fourrages, et éviter les retards dans
» ces distributions, les commandans des batteries enverront la
» veille à Arazury leurs fourriers, pour faire viser leurs bons.
» Les fourriers n'amèneront que le nombre d'hommes stric-
» tement nécessaire pour prendre le lendemain, de grand
» matin, les vivres et fourrages; ces denrées seront conduites
» aux batteries sur des chariots à munitions fournis par le parc.
» En cas de plaintes fondées sur les quantités ou qualités des
» fournitures, ces plaintes seront portées directement, par les
» commandans de compagnie, au colonel chef d'état-major,
» qui y fera droit.

» Les commandans de batterie indiqueront dans leurs
» rapports, à l'article *armement* :

» 1° La charge; 2° la hausse donnée en pouces pour les
» obusiers et canons tirant à ricochet, 3° la quantité de poudre
» mise dans les bombes et obus pour les faire éclater; 4° la
» roche à feu employée pour les bombes et obus. »

L'objet des différentes batteries à feux courbes établies
pour seconder l'attaque des dehors paraissait rempli, et,
suivant l'opinion de quelques officiers, elles auraient peut-
être, dès ce moment, dû se taire, vu la grande distance à
laquelle il avait fallu les établir.

Mais ces batteries étaient construites et armées; elles souf-
fraient peu de l'artillerie de la place, qu'elles enveloppaient
de tous côtés, ce qui contribuait à rendre la garnison incer-
taine sur nos véritables projets. On ne renonçait pas à l'espoir
d'effrayer une population divisée, qu'un long blocus et l'in-
cendie déjà consommé de quelques maisons irritaient fortement contre les principaux constitutionnels du pays qui s'y
étaient réfugiés depuis le commencement des hostilités.
Jusque-là, on avait soutenu le moral de cette population par

des promesses, de fausses nouvelles que la chute seule de nos bombes démentait, et même par des sacrifices d'argent dont le terme, suivant tous les calculs, ne pouvait être éloigné.....

Il fut donc prescrit de continuer, pendant l'exécution de tous ces travaux, le feu des batteries de mortiers, dans l'idée qu'il n'était pas impossible de contraindre la place à capituler avant le terme ordinaire d'un siége. Mais, pour ménager nos munitions et faire le moins de mal possible à la ville, le feu de ces batteries ne fut pas aussi nourri qu'il aurait pu l'être, si l'on n'eut pas dû en même temps avoir recours à un moyen moins douteux de réduire la garnison. Il fut en outre ordonné de le diriger exclusivement contre la citadelle et contre les fortifications de la place.

L'événement justifia ces calculs.

Dans la nuit du 3 au 4, les batteries qui avaient été dégradées furent réparées; elles continuèrent leur feu pendant la journée du 4. Mais la batterie des deux pièces de 16 contre San-Pedro, que nous occupions, fut désarmée.

Quelques autres déplacemens jugés utiles firent passer des bouches à feu d'une batterie dans une autre. Le tableau nº 6 présente les détails relatifs à l'armement de ces diverses batteries, tel qu'il a été depuis le 5 septembre.

L'ennemi riposta de quelques points. Des obusiers placés dans le bastion Reding inquiétèrent principalement les travailleurs de Mendillory. (On sait que les obusiers espagnols sont montés sur des affûts qui les assimilent aux mortiers et que leur tir peut avoir lieu sans l'angle de 45° et plus.)

La consommation de ce jour fut de 575 projectiles creux. Le génie, maître dorénavant de visiter et de fouiller les dehors de la place, commença, dès la nuit du 4 au 5, les travaux de la fausse attaque contre la ville. Il profita d'un rideau de terrain qui favorisait les approches du faubourg de la Rochapéa et ouvrit, à la distance moyenne de 600 mètres de la ville, une tranchée qui, partant de la hauteur du cimetière, allait à la maison blanche, traversait la route de Tolosa, l'Arga, sur le pont, et qui fut ensuite poussée jusqu'à San-Pedro.

La construction de cette portion de parallèle fut peu inquiétée; elle permettait l'établissement immédiat de quelques batteries de canons contre la ville qui, si elles n'avaient pas un meilleur résultat, faciliteraient au moins l'exécution de l'attaque contre la citadelle, en détournant l'attention et divisant les moyens de l'ennemi.

5 septembre.

Quelques rapports parvenus au maréchal attribuaient fort peu de solidité au mur de revêtement de la courtine de droite du bastion Gonzague (route de Tolosa). D'après les dire d'officiers espagnols et d'officiers français qui, dans la guerre précédente, auraient long-temps habité Pampelune, ce mur qu'ils auraient remarqué n'avait que 3 ou 4 pieds d'épaisseur. Dans cette hypothèse, plusieurs pièces de 24 tirant à forte charge contre une maçonnerie mince et dégradée l'auraient bientôt ébranlée; en quelques heures une brèche pourrait être ouverte, et, s'il avait été possible de la rendre praticable, le terrain en avant de la contre-garde du bastion Gonzague, eut en effet permis à une colonne d'infanterie de donner l'assaut, sans y éprouver de très grandes pertes.

On ne pouvait ajouter une foi entière à de pareils rapports, mais comme ils ne contrariaient pas le projet principal contre la citadelle, le maréchal décida qu'une batterie de brèche serait établie contre la courtine qui lui avait été signalée et dont on voyait le pied. D'ailleurs, toutes les fois qu'on bat en brèche à une grande distance, ce n'est pas dans le but de livrer de suite l'assaut. Il est peut-être vrai de dire que, dans tous les cas, on a intérêt de faire brèche de loin aux ouvrages dont on voit les maçonneries, ne fut-ce que pour ruiner les défenses de l'assiégé. Un auteur estimé, le lieutenant-colonel du génie *Dufour* de Genève, dit :

« L'assiégeant doit profiter de toutes les circonstances fa-
» vorables pour y établir quelques batteries dont l'effet serait
» très avantageux, quand il n'aurait d'autre résultat que de
» donner de l'inquiétude à l'assiégé et de diviser son atten-
» tion. Tous les coups dirigés contre ces batteries éloignées et
» en quelque sorte accessoires, sont des coups épargnés pour
» celles qu'il importe de construire. » (*Traité de fortification*).

L'artillerie, qui avait dû chercher à utiliser les positions que le terrain près de la parallèle déjà tracée pouvait offrir de lui-même, reconnut qu'on ne pourrait établir cette batterie de brèche qu'à 600 mètres de la Porte-Neuve qu'il fallait battre; le terrain en avant de la parallèle augmentant encore le désavantage où l'on allait se trouver d'être commandé par deux bastions et de tirer de bas en haut pour atteindre le revêtement menacé.

Des pièces de 24 tirant ainsi à 600 mètres devaient être, au moins pendant long-temps, sans effet contre le revête-ment, s'il avait quelque solidité. Cependant des batteries de brèche établies à cette distance n'étaient pas sans exem ple (1). On en avait vu réussir par quelques circonstances lo-

---

(1) Saint-Remy fixe à 150 toises le maximum de la distance des batteries de brèche.

Voici un passage relatif au même sujet, que je trouve dans Scharnhorst, 3ᵉ vol. page 549 :

« Au siège de Valenciennes, une batterie de 24 pièces de 24, tirant de

cales analogues à celles qui paraissaient avoir fait naître l'idée d'en diriger une contre la Porte-Neuve. *Morla* conseille textuellement ce qui suit dans le 312ᵉ paragraphe de son ouvrage :

« S'il se trouvait dans le voisinage d'une place forte des » chemins creux, des ravins, des éminences ou d'autres ac- » cidens de terrain, on pourrait en profiter pour épargner une » ou deux parallèles, *battre de suite le rempart en brèche*, et » pour inquiéter beaucoup la garnison dans ses ouvrages. Ils » pourront même quelquefois favoriser l'établissement im- » médiat du logement sur le glacis, et, dans tous les cas, l'at- » taque en marchera beaucoup plus vîte. On pourrait aussi » la brusquer de la même manière, si la garnison se trouvait » faible, découragée, ou composée de nouvelles troupes. Enfin, » *si l'on s'apercevait, après l'ouverture de la tranchée, de* » *quelque défaut majeur dans les fortifications de la place,* » *à quelque période de l'attaque que l'on fût parvenu, on* » *pourrait et on devrait même la pousser, à partir de cet* » *instant, avec beaucoup de vigueur et d'énergie.* »

» la 2ᵉ et de la 3ᵉ parallèles, aux distances de 320 et de 200 toises, ouvrit » entre le bastion de la poterne et la porte de Mans une brèche qui n'était » pas à la vérité entièrement praticable, mais qui fut cependant gravie lors » de l'assaut, par un grenadier hongrois, et dans laquelle le parapet était » entièrement détruit jusqu'à la banquette. Il est dit, dans les Mémoires » sur la fortification perpendiculaire (1786), page 73, qu'au siége de Tournai, » en 1745, une batterie placée à 120 toises de la crête du glacis, et à 175 » toises du corps de place, en a détruit le revêtement, et qu'une belle » brèche a été faite au siége de Dellinbourg en 1760, à la distance de 200 » toises, et au siége de Carthagène, en 1741, à la distance de 250 toises. » Les auteurs de ces Mémoires, qui sont des officiers du génie militaire » français, assurent que des pièces de 24 peuvent détruire un revêtement » à la distance de 350 toises, mais pour obtenir ce résultat à une telle dis- » tance, il faut tirer un grand nombre de coups. »

Dans une réunion d'officiers du génie et de l'artillerie qui eut lieu le 5, au soir, dans la tranchée, il fut observé par les officiers d'artillerie, d'un commun accord, que très probablement la batterie projetée n'aurait d'autre effet que de détourner l'attention de l'ennemi de l'attaque principale, ce qui ferait toujours un très grand bien ; mais que, même pour opérer plus long-temps et d'une manière plus puissante, cette batterie, destinée seulement à battre des murs sans se défendre aucunement par elle-même, ne devait être entreprise qu'autant que deux autres batteries, au moins, lui prêteraient la protection de leurs feux et contre-battraient ceux qui ne manqueraient pas de s'allumer bientôt du bastion *Gonzague* au bastion *Reding*, points qui tous avaient vue sur la batterie projetée.

Rappelant un des principes de la guerre de sièges, le général d'artillerie ajouta que cette arme ne devait pas s'engager dans une entreprise aussi hardie qu'une attaque de vive force, sans s'assurer au moins la possibilité de réussir, et qu'il valait toujours mieux ne pas entreprendre cette attaque que de la tenter avec trop peu de moyens.

Ces observations furent soumises au maréchal qui les apprécia, mais qui, pressé par les circonstances, ne put pas autoriser la construction des deux batteries collatérales. Le génie objectait que leur établissement eut nécessité de sa part de grands travaux, qui auraient exigé beaucoup de temps et retardé l'attaque contre la citadelle, objet principal de nos opérations. Cependant,

«Un peu plus de difficulté dans la marche des tranchées » n'est pas une raison suffisante pour rejeter une attaque qui » donnerait à l'artillerie des positions favorables ; car, aussi- » tôt que les défenses sont bien nettoyées, l'on vient aisément

»à bout du reste.» (*Art de la Guerre*, par M. le comte de la Roche-Aymon, tome 1er, page 261.

Déterminé sans doute par cette considération, « qu'un général en chef ne doit jamais reculer devant quelques sacrifices, quand il a en vue la probabilité d'un grand et prompt résultat», le maréchal se borna à faire construire, pour protéger la batterie de brèche, une batterie de quatre mortiers de 12 pouces, qui fut nommée n° 3 *bis*. On profita, pour son établissement, d'un petit accident de terrain, dans la plaine, en avant de la batterie des mamelons, qui devait aussi soutenir et soulager la batterie de brèche. On appela celle-ci n° 6, en attendant qu'elle eut mérité son premier nom.

Sur la proposition du général Bouchu, le maréchal Lauriston approuva le désarmement de Sainte-Lucie. Depuis la prise du faubourg, l'éloignement de cette batterie du corps de place ne permettait d'en tirer avantage qu'avec de très fortes charges qui fatiguaient trop les affûts, les mortiers et les plates-formes.

Pour remplacer les feux de Sainte-Lucie et donner un nouvel appui à la batterie n° 6, celle du Cimetière fut armée; elle né l'avait pas été jusqu'alors, à cause des sorties qui auraient pu avoir lieu et qui n'étaient plus à craindre, l'ennemi paraissant uniquement occupé à augmenter l'armement et le blindage de la partie menacée de ses fortifications et à répondre de son mieux à notre artillerie.

On arrêta également l'établissement près du fort du Prince d'une nouvelle batterie à feux courbes; armée d'un mortier de 10 pouces et de deux obusiers de 8 pouces français, elle devait à la fois détourner l'attention de l'ennemi de ce qui se préparait contre la Porte-Neuve et protéger, en outre, l'ouverture prochaine de la tranchée contre la citadelle.

L'emplacement de cette batterie, qui fut nommée *batterie du fort du Prince,* était très convenable pour remplir le double but qu'on se proposait. Mais il était évident que toutes ces batteries de mortiers étaient plutôt utiles pour produire sur les assiégés un grand effet moral qu'un résultat matériel certain ; car, lorsque l'objet à battre est à distance et sans surface, les mortiers sont peu propres à balancer les effets du canon ; et ils ne peuvent pas prêter à l'établissement et aux feux d'une batterie de brèche une protection aussi efficace que les deux batteries de canons que l'artillerie avait demandées pour contre-battre les pièces des bastions Gonzague et Saint-Roch.

Les ordres du maréchal furent exécutés. Leur premier motif était une grande confiance dans nos propres forces et une intime conviction de la supériorité morale de nos troupes sur celles de l'ennemi. A ce titre, ils ne pouvaient être fondés sur des bases plus certaines.

6 septembre.

La 5ᵉ compagnie du 7ᵉ régiment d'artillerie à pied (capitaine Vallantin) fut désignée pour la construction et le service de la batterie n° 6.

Les officiers allèrent aussitôt reconnaître leur terrain et y prendre les points de repère qui leur étaient nécessaires. L'emplacement de la batterie fut fixé entre la parallèle et le chemin qui va de la Maison-Blanche à San-Pedro. Il fut décidé qu'elle serait composée de 6 pièces de 24 dirigées, la section du centre contre la Porte-Neuve, et les sections de droite et de gauche contre la portion de courtine située à gauche et à droite du premier point.

On lança, comme les jours précédens, des bombes et des

obus sur les ouvrages de l'assiégé qui paraissait mettre une grande activité dans les travaux de la défense.

### 7 septembre.

La journée du 7 fut employée à désarmer Sainte-Lucie, à rétablir l'armement de la batterie des mamelons n° 3 (ce qui fut fait par la compagnie Doublet) et à commencer, à la fin du jour, la construction de celles n° 3 *bis* (capitaine Morel) et du fort du Prince (capitaine Ledilais).

La consommation des 5, 6 et 7 septembre fut ensemble de 222 projectiles creux.

### 8 septembre.

La batterie n° 6 devant être entreprise à la fin du jour, il fut ordonné à la batterie du Cimetière, la plus rapprochée de la place, ainsi qu'à toutes les autres, de tirer pendant la nuit entière.

La batterie n° 6 était tracée à 8 heures du soir. Les canonniers y furent employés seuls jusqu'à 11 heures, l'infanterie n'étant arrivée qu'à cette heure-là. Deux traverses furent nécessaires pour défiler nos pièces des bastions Saint-Roch et Reding.

L'ennemi ne tarda pas à s'apercevoir de nos travaux et de ceux du génie qui élargissait la parallèle. Quelques balles à feu et obus, quelques coups à mitraille furent dirigés contre les travailleurs, mais leur firent peu de mal.

Le colonel Lefrançais vint reconnaître le travail de la nuit. Le terrain sur lequel on était obligé de s'établir, se trouva tellement dur et pierreux, que l'épaulement ne fut pas assez avancé, à la pointe du jour, pour qu'on pût le continuer.

Les canonniers et soldats d'infanterie reçurent ordre de se retirer à 4 heures du matin.

La consommation du 8 septembre fut de 444 projectiles creux.

9 septembre.

Dans la journée du 9, le général Bouchu fut informé officiellement qu'on ouvrirait la tranchée contre la citadelle dans la nuit du 10 au 11.

Aussitôt après la réception de cet avis, il fut fait différentes dispositions pour réunir, à portée du front d'attaque, le personnel nécessaire pour l'établissement et le service des batteries qui devaient soutenir la tranchée. On rappela une partie des compagnies employées au fascinage. Des lieutenans commandant de faibles détachemens furent laissés dans les batteries déjà construites, et les capitaines, avec la plus grande portion de leurs compagnies, devinrent disponibles.

Le général Bouchu les appela en conférence dans l'après-midi, ainsi que les officiers-supérieurs de l'état-major de l'artillerie de siége.

Quelques détails du plan d'attaque furent de nouveau discutés. On détermina l'objet principal de chaque batterie; on fixa leur nombre et leur armement, en se réservant de modifier, après l'examen du terrain, ce qui pourrait avoir échappé à une première intention.

Chaque capitaine, après avoir reçu l'indication du point qu'il aurait à battre, eut ordre d'aller reconnaître sur les lieux l'emplacement de sa batterie, aussitôt que le tracé apparent de la parallèle aurait été fait par le génie, dont toutes les dispositions paraissaient devoir être prêtes pour la nuit du 9 au 10.

Pendant cette nuit, la construction des batteries n° 6 , n° 3 *bis* et du fort du Prince fut continuée.

On eut la fortune que l'ennemi inquiéta peu les travailleurs ; mais il y eut encore du retard dans leur arrivée, et tous ceux qui auraient été nécessaires la nuit pour que l'on pût travailler en plein jour à la batterie n° 6, la plus exposée et la plus pénible à faire , ne purent être accordés , bien que la nature du terrain qui faisait réellement feu sous la pioche les rendît tous indispensables.

Le général Bouchu vint dans la nuit encourager les travailleurs et fut témoin de leurs efforts. Au jour, il ne crut pas devoir prendre sur lui de les laisser dans un endroit où, selon toutes les probabilités, ils n'auraient pu tenir un instant ; les travailleurs d'infanterie formant d'ailleurs le plus grand nombre, l'artillerie ne pouvait se permettre cette mesure, qui était loin d'être urgente, sans un ordre exprès du maréchal.

Il approuva la proposition qui lui fut faite , lorsqu'on vit les retards forcés que le terrain occasionerait, de faire monter en sacs à terre l'épaulement de la batterie n° 6. Il fut ordonné que la journée du 10 serait employée à faire arriver les sacs à terre dans la tranchée et que les soldats d'infanterie commenceraient à les remplir.

Les seules batteries de Mendillory, de Puente de la Reyna et du Cimetière firent feu durant cette nuit ; leur consommation fut de 284 projectiles.

10 septembre.

Le 10 , à 3 heures du matin , les capitaines désignés pour le commandement des batteries contre la citadelle se rendirent sur le terrain de l'attaque à 400 mètres de ses glacis ;

Mais le tracé apparent de la parallèle n'étant pas encore achevé, les capitaines d'artillerie furent obligés de remettre au commencement de la nuit suivante l'opération qu'ils se proposaient de faire le matin pour déterminer la position de leurs batteries. Il fallait voir la parallèle marquée, au moins approximativement, sur le terrain pour y reconnaître ses intersections avec le prolongement des faces d'ouvrages qu'on devait battre.

Quelques officiers proposèrent au général Bouchu de commencer la construction des batteries dans la nuit même où le génie ouvrirait la tranchée. Ils donnaient pour motif à leur opinion que, dans les circonstances où les premières batteries s'établissent à 400 mètres de la place, il est convenable d'en agir ainsi, parce que la tranchée étant ouverte sur un petit développement, l'ennemi peut facilement couvrir de mitraille tout le terrain où l'artillerie doit s'établir. Ces officiers ajoutaient que, dans la supposition d'une défense vigoureuse, telle qu'on devait l'attendre, si l'artillerie ne commençait ses batteries que dans la nuit après celle de l'ouverture de la tranchée, leur construction, contrariée de toutes les manières, causerait beaucoup de peines, de longs retards et peut-être des pertes considérables.

Ces idées étaient justes, au fond, sous un certain rapport, dans le cas particulier où l'on se trouvait; mais elles étaient en opposition avec ce qui s'était fait dans la plupart des siéges anciens et modernes où l'artillerie n'a commencé ses travaux que dans la nuit après celle de l'ouverture de la tranchée. Outre le trouble et le désordre que pouvaient occasioner les opérations simultanées du génie et de l'artillerie, il était d'ailleurs à craindre que l'infanterie ne pût fournir à la fois assez de travailleurs à l'une et à l'autre arme. Cette dernière considération détermina principalement le général Bouchu à ne pas adopter la proposition qui lui était faite.

Le 10 au soir, le maréchal régla les diverses dispositions des troupes pour l'ouverture de la tranchée et parcourut les points de rassemblement. Il donna en effet au génie tous les travailleurs disponibles, afin d'obtenir la première nuit un résultat considérable. Son intention était de les lui retirer aussitôt après pour les donner à l'artillerie, afin de presser l'établissement des batteries; car, ayant plus de canons à proportion que de troupes, il voulait ménager l'attaque de manière à n'agir que quand il aurait beaucoup de feux réunis, pour les concentrer alors sur un seul point.

La batterie du Cimetière et nos autres batteries à feux courbes firent feu pour protéger l'ouverture de la tranchée; elles parvinrent bientôt à distraire l'attention de l'ennemi. La nuit se passa bien. Un orage violent, mais qui ne dura que peu de temps, ne fit que favoriser les travaux du génie, en les cachant à l'assiégé. Il s'en apperçut à peine et ne nous inquiéta point; mais l'on reconnut que le terrain était extrêmement dur et causerait beaucoup d'efforts. Plusieurs parties de la parallèle ne furent qu'ébauchées; ses communications avec les batteries extrêmes (du Cimetière et du fort du Prince) ne purent être entreprises.

L'armement de cette dernière batterie, qui devait se faire dans la nuit, fut retardé par la pluie, qui rendit quelques passages impraticables.

Les capitaines d'artillerie déterminèrent l'emplacement des batteries contre la citadelle. Toutes purent être portées en avant de la parallèle, et l'on eut lieu plus tard d'être satisfait de leur position ainsi arrêtée.

11 septembre.

Le 11 au matin, le rapport suivant fut adressé par le général Bouchu au maréchal :

«.Le front d'attaque est déterminé, la parallèle est tra-
» cée, le moment est venu d'emplacer les batteries. Ce front,
» en employant les dénominations du génie, est formé des
» bastions 2, 3, 4 et des demi-lunes comprises 2-3, 3-4.
» Le maréchal-de-camp commandant l'artillerie du siége
» propose l'établissement de 8 batteries armées ensemble
» de 50 bouches à feu, avec la destination de battre d'en-
» filade les faces des bastions, des demi-lunes et des réduits,
» de plein-fouet les faces des bastions, et de contre-battre les
» ouvrages plus éloignés qui ont des vues sur l'attaque. Ces
» batteries seront commandées chacune par un capitaine en
» premier. On rattachera à celle de droite la batterie que l'on
» construit près le fort du Prince, et ces 9 batteries, prises
» 3 à 3, seront sous le commandement d'un chef de batail-
» lon ou d'escadron, ayant un capitaine en second pour ad-
» joint. Le tableau ci-joint présente toutes ces circonstances;
» le croquis qui l'accompagne fait encore mieux sentir la
» disposition des batteries et des pièces, en montrant par des
» lignes de feu l'espèce des bouches à feu, la direction des
» embrâsures et la forme des batteries.
» Les huit capitaines-commandans ont déjà étudié hier le
» terrain et reconnu d'une manière approximative les lieux de
» leurs batteries; aujourd'hui, au point du jour, ils complè-
» teront ces données, en reconnaissant et marquant ces lieux
» sur la tranchée même. Des dépôts de gabions, fascines et
» sacs à terre sont formés et grandement approvisionnés dans

» des couverts à portée des batteries, près des routes de Tu-
» dela, de Cordovilla et de Puente de la Reyna.

» Six compagnies et demie d'artillerie, qu'on ne peut pas
» estimer à plus de 60 hommes chacune, sous-officiers non
» compris, ensemble 390 hommes, sont affectées à la con-
» struction et au service des batteries. Ces troupes sont de-
» puis hier campées à portée de l'attaque, et il ne manque
» plus, pour commencer ce soir l'établissement simultané des
» huit batteries, que des travailleurs d'infanterie.

» Ici le général est obligé de forcer ses demandes : le
» développement de plusieurs des batteries, le nombre des
» traverses qu'il y faudra pratiquer, la difficulté du ter-
» rain, la difficulté d'approvisionner les batteries des objets
» réunis dans les dépôts, et la nécessité de former dans des
» endroits où la terre soit d'une exploitation moins difficile
» des ateliers pour le remplissage des sacs à terre, l'obligent
» à demander 30 hommes d'infanterie par pièce, ensemble
» 1,500 hommes. Ce nombre de travailleurs, divisé en 3 sec-
» tions de 500, devrait être rendu ce soir, à 6 heures, aux
» dépôts indiqués ci-dessus. Ils y seraient reçus par les capi-
» taines adjoints aux officiers supérieurs, qui les condui-
» raient et les distribueraient dans leurs ateliers respectifs.
» Le même nombre devrait encore, demain matin, relever
» celui-ci, et pour la 2ᵉ nuit, celle du 12 au 13, il sera pro-
» bablement possible de le diminuer. Outre les travailleurs
» d'infanterie qui concourront avec les canonniers à la
» construction des batteries, il faudra plus tard, et pour les
» servir, des auxiliaires de la même arme; 390 hommes d'ar-
» tillerie, pour avoir une nuit sur deux, ne présentent au
» service du canon que moins de 200 hommes; et en por-
» tant à 7 le nombre d'hommes nécessaires à chaque pièce,
» il faudrait au moins 150 auxiliaires. Mais le général indique

» seulement cet article, et en fera l'objet d'une demande
» spéciale. »

Le maréchal approuva le système de nos batteries, et
le trouva convenablement appuyé, à droite, par la batterie
du fort du Prince, et, à gauche, par celle du Cimetière.
Mais, à cause de l'état de fatigue de l'infanterie, il diminua
le nombre des travailleurs qui lui avaient été demandés. Le
génie en demandait, de son côté, un grand nombre pour
perfectionner la parallèle. La journée du 11 fut employée à
en élargir une portion.

L'artillerie fit ses préparatifs pour la construction de ses
18 batteries d'attaque : à l'ouverture de la nuit, les travaux
commencèrent.

Un orage des plus violens, accompagné d'une forte pluie,
mit pendant plusieurs heures les travailleurs hors d'état de
manier leurs outils. Les soldats d'infanterie étaient d'ailleurs
fatigués des travaux de tranchée de la nuit précédente, auxquels la majeure partie avait pris part. Malgré les efforts des
canonniers, à la pointe du jour, ils n'étaient pas suffisam-
ment couverts : on leur ordonna de se retirer.

Dans la journée du 11, la batterie n° 6 fut fortement inquiétée par l'artillerie de la place. Une portion de son épaulement, monté depuis la genouillère en sacs à terre, fut
démolie par l'explosion des obus qui y furent lancés. Il était
urgent de réparer cet épaulement et quelques plate-formes
qui avaient aussi été endommagées. En faisant ces réparations, 2 caporaux d'artillerie furent atteints par le même
boulet; l'un expira sur-le-champ, l'autre ne put survivre à
deux amputations successives qui lui furent faites dans la
nuit au même bras. Un grenadier fut tué dans le fossé de la
batterie, par un obus qui vint éclater entre ses jambes. Quelques canonniers furent blessés, mais légèrement, par les

pierres que l'explosion de chaque projectile creux faisait pleuvoir dans la batterie, bien qu'il eût été recommandé de n'en mettre que le moins possible dans les sacs à terre.

Cependant dans la nuit, malgré la violence de l'orage, les 6 pièces de 24 arrivèrent, non sans de grands efforts, à la batterie n° 6, et y furent mises en place. Mais on ne dut pas dégorger les embrâsures; l'épaulement, entamé sur plusieurs points, n'étant pas encore entièrement réparé et les traverses n'ayant pu recevoir toute leur épaisseur.

La batterie du fort du Prince ne reçut qu'une partie de son armement, les chemins de traverse qui y conduisaient ayant été rendus impraticables par l'orage.

Du 11 au 12, il fut lancé 78 projectiles creux des batteries de Mendillory et du Cimetière, tant pour protéger l'établissement de la batterie n° 3 *bis*, que l'ennemi paraissait regarder avec inquiétude, que pour soutenir les travaux contre le front principal de la citadelle.

12 septembre.

Le maréchal ordonna que l'armement de la batterie du fort du Prince, qui devait labourer tout le front d'attaque, fut augmenté de 2 mortiers; ils furent pris dans la batterie du Cimetière. Celle du fort du Prince dut commencer son feu à la fin du jour (son armement, tel qu'il a été depuis, est indiqué au bas du tableau n° 6). 342 projectiles creux furent lancés pendant le jour et la nuit du 12 au 13, tant de cette batterie que de celle de Mendillory, de Puente de la Reyna et du Cimetière, situées sur la rive gauche de l'Arga.

Sur la rive droite, les batteries n° 3 *bis* et n° 6 furent mises en état de tirer dans la matinée du 13. L'ennemi avait amené de nouvelles pièces sur les fronts Gonzague et

Saint-Roch; les mouvemens sur ces ouvrages parurent très
animés.

Dans la nuit du 12 au 13, on continua les batteries contre la citadelle et leurs communications avec la parallèle.
Plus de difficultés qu'on n'avait compté en trouver retardèrent l'entière exécution de ces travaux. Dès que la construction des batteries fit des progrès, le maréchal visita la tranchée et distribua aux canonniers des gratifications, accom-
pagnées d'encouragemens et d'éloges.


13 septembre.


Le 13, à la pointe du jour, le feu cessa sur la rive gauche
de l'Arga. La batterie n° 6 commença le sien à 5 heures du
matin; les batteries n° 1, n° 3 et n° 3 *bis* la secondèrent.

L'effet des pièces de 24, quoique chargées à 10 et à 11 li-
vres de poudre, fut peu sensible sur la courtine de la Porte-
Neuve, éloignée, comme on a vu, de près de 600 mètres de
la batterie. Dès les premiers coups, on put juger qu'il faudrait qu'elles tirassent bien long-temps pour renverser une
muraille où les premiers boulets ne produisaient aucun effet
apparent.

Vers 7 heures du matin, le maréchal envoya un chef
d'escadron d'état-major à la batterie n° 6, pour en avoir des
nouvelles. Ce chef d'escadron se plaça pendant quelques
instans, avec un des officiers de service, dans la Maison-
Blanche, située en avant et à droite de la batterie, afin de
mieux juger, de là, l'effet de nos projectiles contre la Porte-
Neuve. Presque tous frappèrent la courtine, mais ne l'ébran-
lèrent nullement; ce qui fut immédiatement rapporté au
maréchal.

Après ce rapport, le marquis de Lauriston envoya encore

MM. le colonel du génie Perrin de Rochambeau et le capitaine d'artillerie Vernetty, de l'état-major du 5ᵉ corps. Ces officiers reconnurent eux-mêmes l'impossibilité de faire brèche aussi aisément qu'on l'avait cru ; ils virent également combien l'ennemi était peu inquiété, au moins sur les remparts, par nos batteries à feux courbes. Tous les points des bastions Gonzague, Saint Roch et Reding, qui avaient vue sur la batterie n° 6, furent armés en moins d'une heure ; 13 bouches à feu furent successivement dirigées contre nos pièces de 24, réduites à cinq dès les premières salves, celle de droite ayant été mise hors de service.

Mais, si l'un des deux résultats qu'on s'en était promis ne put être atteint, l'autre le fut complètement. L'assiégé prit le change sur la véritable attaque, et parut donner peu d'attention aux travaux dirigés contre la citadelle.

Le feu de la batterie n° 6 continua jusqu'à 11 heures du matin, heure à laquelle le général Bouchu, prévenu par le chef de bataillon d'artillerie Cuvelier de ce qui s'y passait, s'y transporta aussitôt accompagné du lieutenant-colonel Raindre, commandant des batteries de la rive droite de l'Arga. A l'arrivée du général, l'épaulement était extrêmement endommagé ; les bombes, les obus et les boulets pleuvaient de toutes parts ; l'assiégé faisait un feu roulant de ses 13 pièces, contre une batterie toute inoffensive pour lui, car elle ne devait tirer que contre la courtine de la Porte Neuve.

Comme le principal objet qu'on s'était proposé était rempli, le général Bouchu (1), après avoir visité en détail la batterie, ordonna de suspendre le feu jusqu'à ce qu'il eût pris de

---

(1) Il s'était opposé à la construction de cette batterie, telle qu'on la fit ; mais le maréchal de Lauriston, qui avait servi long-temps dans l'artillerie, avait des idées arrêtées sur son emploi et tenait à le prouver.

nouveaux ordres du maréchal. Il lui fut rendu compte que toutes les embrâsures seraient détruites au bout de quelques heures; qu'une grande partie des sacs à terre était déjà brûlée ou dispersée, le terrain *labouré* de tous côtés, autant par les pierres que par les projectiles, et qu'avant la fin du jour, le personnel et le matériel de la batterie seraient inutilement sacrifiés.

Vers une heure arriva l'ordre de retirer les pièces derrière les merlons et de masquer les embrâsures (1).

La batterie n° 6 avait tiré 200 coups environ. Mesuré après le siége, le revêtement de la Porte-Neuve avait 4 mètres au lieu de 1ᵐ 30 d'épaisseur.

Le lieutenant Raillard, de la 2ᵉ compagnie d'ouvriers, vint visiter le matériel. Entre autres dégradations, 3 roues et 1 affût étaient déjà hors de service; les anses de 2 pièces avaient été enlevées par des boulets.

Un chirurgien fut envoyé pour panser les blessés, qu'on transportait à San-Pedro. Les canonniers ne souffrirent pourtant pas en raison des dangers qu'ils coururent; 5 furent blessés, 1 seul le fut très grièvement : les autres restèrent en batterie toute la journée. Ils s'indignaient d'être réduits au silence; mais le maréchal leur préparait une revanche éclatante.

(1) Ainsi avait échoué au siége de Traerbach, en 1734, par le comte de Belle-Isle, une batterie établie entre 200 et 300 toises, pour battre en brèche les murailles d'un vieux château. ( *Mémorial de Cormontaigne*, tome 1, page 6. )

Napoléon, n'entrevoyant pas la possibilité d'enlever Smolensk de vive force, ordonna de s'approcher des murailles avec une batterie de 36 pièces de 12, pour voir l'effet qu'elles produiraient. Lorsqu'on eut reconnu qu'il fallait trop de temps et de munitions pour faire brèche de cette manière, Napoléon ordonna au génie d'attaquer par la mine. ( *De Chambray*, pag. 176; *de Ségur*, page 270; *Gourgaud*, page 155.)

Les batteries furent réparées la nuit suivante pour continuer à donner le change à l'ennemi.

Pendant cette nuit, nos batteries de mortiers firent feu. L'ennemi, content sans doute de l'avantage qu'il avait obtenu dans la matinée, n'y répondit pas. On ne s'aperçut de son existence que par le feu, peu nuisible, de quelques tirailleurs et par les nombreux cris d'*alerta*, et autres signaux d'alarme, qui partaient des remparts ou des clochers à la chûte de chacune de nos bombes.

La consommation en projectiles creux fut de 829 pour le jour et la nuit.

Les travaux des batteries contre la citadelle furent continués avec beaucoup de zèle; mais ils n'allaient pas encore au gré du général Bouchu. Le terrain faisait éprouver les plus grands obstacles. D'autres motifs retardèrent particulièrement la construction de 3 batteries. Le général commandant de l'artillerie crut devoir en rendre compte au maréchal, dans le rapport ci-après qui lui fut remis le 14.

14 septembre.

« Le 15, à 6 heures du soir, 400 travailleurs devaient se » trouver en avant de la Venta de Zizur, où les attendaient » les officiers d'artillerie. 200 travailleurs français y sont ar » rivés à l'heure prescrite, les 200 Espagnols ne s'y sont point » trouvés; ils sont arrivés 2 heures plus tard dans la tran » chée, d'où ils ont été conduits aux batteries; mais ils n'ont » point travaillé, malgré tous les efforts que l'on a faits pour » les y contraindre, ils se disaient trop fatigués. Le 14, à 3 heu » res du matin, on devait aussi avoir sur ce point 400 travail » leurs; 200 Français seulement s'y sont rendus : les Espa » gnols n'y sont point venus et n'ont point été trouvés dans

» les tranchées. Ainsi, les travaux des 3 batteries se conti-
» nueront dans cette journée avec 200 hommes seulement.

» Hier soir, le matériel des batteries Debroca et Graffan
» a été conduit par la route de Puente de la Reyna jusqu'à
» l'entrée de la tranchée. Ces pièces n'ont pas pu y être
» traînées, parce qu'elle était trop étroite dans plusieurs en-
» droits; on a dû employer presque tous les canonniers à
» élargir la voie et à pousser aux roues pour avancer les pièces
» à bras, les chevaux ne pouvant pas circuler. Une des pièces
» a été renversée dans la tranchée même, et 4 autres y sont
» engagées et ne pourront arriver jusqu'à la batterie que
» lorsque la tranchée sera élargie, ce à quoi le génie travaille.
» Pour éviter pareille difficulté, on a tâché de faire arriver
» une pièce à travers champs, directement sur la batterie
» Graffan; mais le passage pratiqué sur ce point n'étant pas
» assez solide, les roues se sont enfoncées, et la pièce a versé.
» Elle a été couverte de gabions et de fascines, pour la dé-
» rober à la vue de la place. Ces obstacles ont forcé à ramener
» les autres pièces en arrière, pour qu'elles ne fussent pas
» en prise aux coups de la place.

» Six voitures chargées de plates-formes, pour l'arrondis-
» sement de M. le chef de bataillon Rapatel, n'ont pu arriver,
» parce que le pont, sur la route d'Esquiras à la tranchée,
» est devenu impraticable. M. Rapatel s'est entendu avec
» l'officier du génie qui va raccommoder le pont. »

Le maréchal apprécia ces motifs. On eut moins recours
à la division espagnole, à laquelle il était d'ailleurs difficile
de faire entendre ce qu'elle avait à faire. La parallèle fut
élargie et les chemins furent réparés.

Tout en admettant les raisons qui justifiaient les retards
de l'artillerie, savoir : la difficulté du terrain; deux nuits
d'orage; de grands mécomptes dans le nombre et principa-

lement dans les efforts des travailleurs auxiliaires, accablés par les fatigues des jours et des nuits précédens; surtout la difficulté de faire arriver à 400 mètres d'un rempart encore armé de tout son feu, sur une ligne de moins de 1,200 mètres et par deux communications seulement, 50 bouches à feu, leurs approvisionnemens et leurs plates-formes; le maréchal arrêta, néanmoins, que les 8 batteries en construction devant la citadelle seraient terminées dans la nuit du 15 au 16.

Cet ordre fut entendu; tous les moyens, tous les efforts furent dirigés vers son exécution.

Le 14, les travaux des batteries furent continués avec une nouvelle activité. Le général Bouchu rappela dans un ordre du jour ce que chacun avait à faire pour leur armement :

» Le directeur du parc de siége, en faisant commander les
» chevaux destinés à conduire ce soir le matériel dans les di-
» versés batteries, fera désigner d'avance l'arrondissement au-
» quelle sera affecté telle compagnie ou tel détachement. Les
» deux officiers du train devront marcher cette nuit avec leurs
» compagnies, et l'un d'eux se rendra de suite auprès du com-
» mandant de l'arrondissement pour prendre ses ordres à l'ef-
» fet d'aller bien reconnaître, avant la nuit, le chemin par
» où le matériel devra passer. Tout le matériel devra être
» marqué d'une manière distincte par arrondissement et bat-
» terie. Un capitaine du parc pour chaque arrondissement
» devra, sur sa responsabilité, s'assurer que rien de ce qui est
» nécessaire aux batteries n'a été oublié. Il en fera la vérifi-
» cation avec le commandant de chaque batterie, et ne ren-
» trera à Arazury qu'après que tout aura été remis à ce com-
» mandant. Les 3 capitaines du parc, désignés ce soir pour ce
» service, devront aussi reconnaître, bien avant la nuit, le che-
» min par où devra passer le matériel de la section qui leur
» sera confié pour être conduit jusqu'à la batterie. Ils devront,

» conjointement avec MM. les capitaines adjoints aux com-
» mandans d'arrondissement, accompagner ce matériel jus-
» qu'à sa destination. M. le colonel directeur du parc pren-
» dra les mesures nécessaires pour que tout le matériel soit
» rendu, dans la journée du 14, jusqu'aux points les plus rap-
» prochés des batteries où l'on peut arriver à couvert.

« Le train devra être attelé et prêt à marcher, aussitôt
» après le déclin du jour; et les mouvemens à découvert se
» feront alors pendant le clair de lune et sans attendre l'ob-
» scurité pour avancer sur la tranchée. Quelques attelages
» haut le pied devront être tenus en réserve pour chaque
» arrondissement.

On se conforma ponctuellement à ces dispositions; plusieurs batteries, dont l'épaulement était terminé, furent armées dans la nuit. On poursuivit la construction des autres.
L'ennemi ne profita pas de l'embarras dans lequel nous avait
jeté l'imperfection de la parallèle; mais il dirigeait contre
les deux batteries n° 3 les bouches à feu qu'il avait amenées
contre la batterie n° 6. Tous ses obus venaient éclater à
portée du n° 3 *bis*. Un d'eux enfin éclata dans la batterie
même et près d'un artificier occupé de son service. L'effet
fut prompt; il fut déplorable. Le magasin à poudre sauta;
tous les hommes furent touchés; sur 26 présens, 4 furent
tués, 11 grièvement blessés et 11 légèrement (voir l'état des
pertes). Le lieutenant Choffé, du 8ᵉ d'artillerie à pied, mourut
des suites de ses blessures.

Il n'y avait pas de boyau de communication entre les deux
batteries n° 3. Le colonel Raindre en avait réclamé un, de
1 mètre à 1ᵐ 30 de largeur, pour que la circulation des hommes
de service offrît moins de dangers. Le génie n'ayant pu le construire, le transport des blessés dut se faire à travers champ.

Un employé d'ambulance se fit particulièrement remarquer par son courageux empressement à aller à leur secours.

Dans la journée et la nuit du 14 au 15, les batteries de Mendillory, du fort du Prince, de Puente de la Reyna et des Mamelons lancèrent 259 projectiles dans la place et la citadelle.

15 septembre.

Les 8 batteries contre la citadelle qui, pour la plupart, durent être construites avec des terres rapportées dans des sacs, s'achevèrent dans la journée du 15. L'armement devait être complété pendant la nuit.

C'est au moment où l'artillerie avait le plus d'efforts à faire, où le transport des vivres et des fourrages excitait toute la sollicitude du maréchal et aurait occasioné peut-être de très grandes difficultés, si la place s'était obstinée à attendre la dernière parallèle, la brèche et l'assaut, qu'on répandit le bruit que la fièvre jaune menaçait nos frontières. Une maladie contagieuse s'était en effet déclarée au port du passage. M. le maréchal prit sur-le champ des mesures qui en arrêtèrent les dangers. Mais la seule crainte de ce fléau, le plus redoutable auxiliaire que les Cortès pussent avoir dans cette guerre, ne fit qu'affermir dans la résolution de presser l'ouverture du feu contre la citadelle de manière à l'écraser, s'il était possible, du premier effort.

Les intentions de M. le maréchal furent remplies; le 16, à 4 heures du matin, toutes les batteries étaient armées et approvisionnées. Le général Bouchu les visita en détail. Le maréchal vint ensuite, accompagné de son état-major, et leur donna les noms suivans de la droite à la gauche :

| 1re batterie, | Jacquin. | 5e batterie, | Bezault. |
|---|---|---|---|
| 2e — | Morel. | 6e — | Graffan. |
| 3e — | Poileux. | 7e — | Debroca. |
| 4e — | Thiery. | 8e — | Douzon. |

La batterie n° 3 *bis*, bouleversée par l'explosion du 14, fut rétablie dans la nuit du 15 au 16. Un détachement de la 5e compagnie du 7e régiment, devenu disponible depuis la cessation du feu de la batterie n° 6, en fut chargé. Les batteries à feux courbes qui, pendant cette nuit, avaient exprès gardé le silence étant prêtes partout, le feu, le 16 à la pointe du jour, pouvait commencer à la fois de tous les points d'attaque et par 79 bouches à feu, dont 50 des huit batteries de la 2e parallèle et 29 des batteries à feux courbes. Pendant cette nuit, l'assiégé témoigna de l'inquiétude. Il lança plusieurs pôts à feux, pour éclairer les alentours de la place.

Le général Bouchu se chargea lui-même de la direction immédiate des batteries contre la citadelle. Sur la rive gauche de l'Arga, il fut secondé par le lieutenant-colonel Henraux. Le lieutenant-colonel Raindre dirigeait les batteries de la rive droite.

A 5 heures un quart, le signal fut donné à toutes les batteries par un coup de canon de la batterie Jacquin. Le feu devint général contre le front d'attaque et contre la place. Il commença avec vigueur et ensemble, mais sans précipitation et avec un sang-froid et une sage lenteur qui (ainsi que le maréchal a bien voulu le remarquer lui-même (*Voir* l'ordre du jour du 16) assurait au tir sa justesse et sa précision.

Ses résulats furent bientôt évidens.

L'ennemi répondit vivement pendant les premières heures et de manière à soutenir l'égalité de la lutte, si cette égalité pouvait exister entre l'assiégé et l'assiégeant, quand celui-ci est parvenu à prendre pied et à concentrer ses efforts. Notre artillerie, qui battait dans tous les sens celle du front d'attaque, ne tarda pas à lui imposer silence. A 10 heures, les embrassures de la citadelle, toutes en maçonnerie, furent en décombres. Les bastions et demi-lunes n'étaient plus tenables pour les canonniers, sur lesquels d'ailleurs un feu de mousqueterie combiné était dirigé de tous les points de la tranchée. Avant midi, la plupart des pièces de l'ennemi ne tiraient plus, si ce n'est, contre les deux extrémités de notre parallèle, de quelques points des fronts Saint-Nicolas et de la Taconnera moins exposés à notre feu. Ces points ne pouvaient être bien contre-battus, à moins de faire une attaque réelle et de la place et de la citadelle. Au commencement de la journée, les batteries Jacquin et Douzon en furent beaucoup inquiétées; cependant, nos mortiers parvinrent à diminuer l'activité des feux dirigés contre les batteries extrêmes, et l'ennemi fut tellement tourmenté, principalement dans la citadelle où il ne trouvait aucun abri contre nos coups, que, vers 1 heure, forcé dans ses moyens de défense les plus puissans, il en chercha d'autres en jetant une foule de tirailleurs dans les chemins couverts. Il croyait ainsi arrêter la marche des travailleurs du génie, qui cheminaient sous la protection de nos pièces vers l'emplacement de la dernière parallèle, et atteindre à la fois les canonniers qui les servaient.

Toutes les bouches à feu qui, dans chaque batterie, pouvaient voir et fouiller le chemin couvert, y furent à l'instant dirigées et l'eurent bientôt balayé. Ceux de leurs coups qui n'atteignaient pas les tirailleurs portaient encore avec avantage aux centres des bastions et de leurs courtines. Nos canonniers poussèrent un cri de joie en voyant un drapeau rouge traversé de jaune, qui flottait sur la citadelle, percé dans son centre par un de nos boulets parti de la batterie Jacquin.

Sur la rive de l'Arga, les batteries 3 et 3 *bis* entretenaient le feu contre les fronts Gonzague et Saint-Roch, et occupaient utilement les canons et canonniers de cette partie de la ville. Retenus par cette diversion, les uns et les autres manquaient à la défense de l'assiégé sur le front principal.

Enfin la canonnade se ralentit partout. La garnison de la citadelle s'était retirée en ville, ne pouvant plus tenir dans un espace aussi resserré et sous un feu aussi terrible. Les habitans et les réfugiés, épouvantés à la vue de tout ces moyens destructeurs, ne donnèrent pas seulement le temps au gouverneur don Salvador de rallier une fois ses soldats : toute défense lui fut dès ce moment rendue impossible.

A 2 heures, le drapeau espagnol fut arboré de nouveau sur la citadelle. C'était un premier signe de rapprochement, une déclaration que l'ennemi ne voulait plus rester séparé de la cause commune. Ce signal fut d'abord peu compris, et le feu continuait encore, surtout dans les batteries de mortiers pour entretenir quelques incendies qui s'étaient manifestés dans la ville. Vers 5 heures du soir, le drapeau blanc flotta sur le rempart et remplaça celui qui venait d'y apparaître.

A cette vue, les batteries se turent, bientôt des parlementaires étant sortis de la place, l'ordre fut envoyé partout de ne pas recommencer le feu. On avait tiré, dans la journée du 16 : 2,474 boulets de 16 et 12, 468 bombes de 12 pouces, 10 pouces et 8 pouces, et 373 obus de 8 pouces.

La capitulation fut signée pendant la nuit. Comme elle n'était pas encore officiellement annoncée, l'artillerie employa cette nuit à réparer ses batteries. Elle commença même l'établissement d'une autre batterie de 2 pièces qui, placée à droite de celle de Douzon, devait contre-battre les feux du front de la Taconnera qui nous avaient le plus inquiétés.


17 septembre.


Ce travail continua jusqu'à 10 heures du matin, heure à laquelle il fut mis à l'ordre que la place s'était rendue.

L'artillerie eut de grands obstacles à vaincre pour arriver à un si prompt et si brillant résultat; mais elle fut bien récompensée de ses efforts, en voyant qu'on devait principalement l'attribuer au feu de ses batteries.

Les canonniers qui s'étaient déjà fait remarquer par leur patience et leur bonne volonté dans les travaux les plus pénibles, méritèrent de nouveaux éloges par leur bravoure et leur sang-froid dans la journée du 16. De jeunes soldats, qui paraissaient devant l'ennemi pour la première fois, montaient d'eux-mêmes sur les épaulemens pour réparer les embrasures au milieu des balles et des boulets.

Les canonniers de la place tirèrent aussi avec beaucoup d'adresse, et il est probable que s'ils eussent été en plus grand nombre la défense eût été beaucoup plus longue. Par une chance heureuse, ils nous firent, en somme, peu de mal.


18 septembre.


Le 18, les troupes françaises prirent possession de Pampelune et de sa citadelle. La garnison fut faite prisonnière de guerre et conduite en France. Ce ne fut pas sans peine qu'après qu'elle fut désarmée, on parvint à la soustraire à l'animosité de la division de l'armée de la Foi. Cette troupe, qui pendant le siége avait montré si peu d'énergie et de bonne volonté, sembla retrouver tout son courage à la vue de ses compatriotes désarmés.

19 septembre.

Le 19 septembre, la nouvelle municipalité fut installée.

20 septembre.

Le 20, le maréchal Lauriston fit son entrée dans la place; mais déjà il avait donné des ordres qui devaient avoir pour résultat de faire tomber Saint-Sébastien au pouvoir de l'armée française.

# OPÉRATIONS

# DE L'ARTILLERIE

## DEVANT SAINT - SÉBASTIEN ET LÉRIDA.

### Préparatifs contre Saint-Sébastien.

Saint-Sébastien était investi depuis l'ouverture de la campagne. La garnison, dont le régiment impérial Alexandre commandé par un des frères O'Donnel faisait partie, avait été refoulée dans les murs de la place, le lendemain du passage de la Bidassoa. C'est dans le faubourg même de la ville que furent distribuées à l'armée les premières récompenses qu'elle venait de mériter. L'artillerie ne fut pas oubliée : entre autres officiers, le lieutenant-colonel de Lahitte, qui s'était signalé à l'attaque des hauteurs de Saint-Sébastien, reçut la décoration de Saint-Louis.

La possession d'une forteresse si voisine de nos frontières et que sa position rend susceptible d'une bonne défense était importante pour l'armée française (1). Le lieutenant-général Bourck, les maréchaux-de-camp Schœffer et Clouet avaient successivement commandé les troupes du blocus. C'était le lieutenant-général comte Ricard, commandant une division du 5ᵉ corps, qui devait entreprendre le siége. Cette division, à laquelle étaient attachées deux batteries de campagne, l'une à pied ( capitaine Loisel, détaché du troi-

_______

(1) Voir la note A, page 102.

sième corps), et l'autre à cheval ( capitaine Tortel), occupait tous les dehors de la ville.

Toute communication par terre avec Saint-Sébastien était impossible ; de petits ouvrages avaient été construits par une compagnie de sapeurs pour fortifier plusieurs points par lesquels l'ennemi aurait pu chercher à battre la campagne. Quelques bâtimens de la marine royale française étaient en croisière devant la citadelle, mais paraissaient insuffisans pour rendre le blocus complet de ce côté.

Pampelune avait ouvert ses portes le 17 septembre. Le 18, M. le maréchal de Lauriston, voulant profiter de l'effet que devaient produire la prise de cette capitale de la Navarre et la reddition de Santôna qui venait presqu'en même temps de se soumettre au général Schœffer, ordonna au général Bouchu de hâter l'envoi sur Saint-Sébastien d'un parc de siége de 40 bouches à feu.

Ce parc fut composé de

8 canons de 24.  
10 idem   — 16.  
10 idem   — 12.  
4 obusiers de 8 pouces.  
2 mortiers de 10 pouces.  
6 idem   — 3 pouces.  

Total : 40 bouches à feu.

Ces moyens étaient suffisans pour commencer une attaque régulière. Tout était disposé pour les augmenter au besoin; mais il était probable que nos préparatifs seuls imposeraient à la garnison et que le siége ne serait pas poussé jusqu'à sa fin.

Le colonel Lasnon, commandant l'artillerie du 5e corps,

et les lieutenans-colonels Raindre et Henraux devaient être
chargés de la direction et la surveillance de tous les travaux
de l'artillerie.

Le lieutenant-colonel Brunery, sous-directeur du parc de
siége, reçut l'ordre de rassembler à Ernani la plus grande
partie de l'équipage des 40 bouches à feu.

Les compagnies du train furent de nouveau mises en relais.

Dès le 19 septembre, un premier convoi de 6 bouches à feu,
de 12 de siége, avec un approvisionnement de 300 coups par
pièce, partit d'Arazury. Il était escorté d'une compagnie
d'artillerie à pied (capitaine Cotte) et d'un détachement de la
2e compagnie d'ouvriers (lieutenant Raillard), l'une et l'autre
nécessaires pour les mouvemens et les réparations du parc.

L'intention de M. le maréchal était d'employer cette première batterie de pièces de 12 à seconder l'artillerie de la
marine royale et à éloigner de la côte les bâtimens qui tente-
raient de s'approcher de la place, où les vivres commençaient
à manquer.

La compagnie Castel, du 8e escadron du train, devait
faire les mouvemens de localité de cette batterie autour de
Saint-Sébastien. Ses chevaux étaient ceux qui se trouvaient
dans le meilleur état.

En six jours, l'équipage de siége et presque tous les approvisionnemens furent transportés à Ernani, par les seuls
moyens du train d'artillerie. Les compagnies de canonniers
qui avaient été désignées pour ce second siége avaient suivi
les convois; le gabionnage se confectionnait déjà en toute
hâte; les capitaines Cotte et Loisel commençaient à construire deux batteries d'attaque, lorsque, le 26 septembre au
soir, le gouverneur de la place, apprenant le succès de nos
armes sur divers points de la péninsule et témoin de la
marche rapide de nos premiers travaux contre Saint-Sébas-

tien, perdit l'espoir d'une plus longue défense et demanda à entrer en négociation.

### Reddition de Saint-Sébastien.

Il rendit la ville au lieutenant-général Ricard.

La garnison fut conduite prisonnière en France. Un bataillon d'infanterie française occupa la place et la citadelle.

25 canoniers et un officier d'artillerie ( lieutenant Céas ) y furent laissés pour le service de l'arme et pour la garde des magasins.

Le jour même où, presque sans coup férir, Saint-Sébastien capitulait, Bayonne, le dépôt le plus important et le plus rapproché de l'armée, courut un grand danger. L'arsenal de cette ville contenait une assez grande quantité de poudres. Les travaux de la salle d'artifices occupaient seuls près de cent personnes. Une chaudière de roche à feu qu'on préparait fit tout-à-coup explosion; heureusement elle avait été placée assez loin de la salle d'artifices.....

Quelques canonniers furent grièvement blessés.

### Formation d'un parc de siége contre Lérida.

Le 27 septembre, en même temps que l'artillerie recevait à Pampelune l'ordre de suspendre tout envoi de matériel sur Ernani, M. le maréchal de Lauriston faisait connaître qu'il allait entreprendre le siége de Lérida (1).

L'artillerie dût aussitôt faire ses dispositions pour transporter en Aragon le matériel considérable quelle avait eu tant de peine à faire arriver de Bayonne à Pampelune et de Pampelune à Ernani.

D'après l'opinion générale, il ne paraissait pas qu'on dut éprouver une grande résistance à Lérida, qui est loin de valoir Pampelune comme place forte et qui n'était guère défendue que par des miliciens constitutionnels.

(1) Voir la note B, page 105.

Un projet de parc de siége, calculé sur ces données, fut d'abord présenté par le général Bouchu. Le maréchal de Lauriston, dont les opérations ne devaient sans doute pas se borner à la prise de Lérida, prescrivit de diriger sur cette place le parc d'artillerie en entier, y compris ce qui était rassemblé à Ernani et à Saint-Sébastien ; il ordonna aussi d'échanger nos bouches à feu hors de service ou de mauvais service contre des pièces espagnoles en bon état.

D'après la vérification qui fut faite de l'artillerie de Pampelune et de la citadelle, le colonel Gérin, directeur du parc de siége, fut autorisé à y prendre le matériel qui suit :

5 pièces de 24.

8 idem — 16.

3 idem — 12.

4 mortiers de 12 pouces ordinaires.

Ces bouches à feu en remplacèrent au parc un pareil nombre de chacun de ces calibres, mises en dépôt dans la citadelle.

La place fournit 2 mortiers de 12 pouces à la Gomer, en échange de 2 mortiers de 8 pouces hors de service ; 8 obusiers de 8 pouces, espagnols, dont partie sur affûts de bronze, furent pris en sus des échanges.

Il existait dans le matériel et les munitions de Pampelune un désordre dont on a vu peu d'exemples. Les poudres étaient éparses de tous côtés ; des pièces étaient restées chargées dans les batteries ; on voyait des caissons disséminés sur la voie publique, dans des habitations particulières, dans des églises, sur les remparts.... Cet état de choses pouvait occasioner de graves accidens au milieu d'une population naturellement exaltée et que la vue des décombres d'une partie de ses maisons irritait encore davantage. Il fallut plusieurs jours pour déblayer certaines rues.

Le lieutenant-colonel Raindre, chargé du commandement de l'artillerie de la place, s'occupa à rétablir l'ordre, à faire l'inventaire des magasins, à classer le matériel et à tout disposer pour le nouvel armement de la ville et de la citadelle qui venait d'être arrêté. La citadelle, que le génie était chargé de réparer, fut armée complètement : on devait la considérer comme pouvant être attaquée simultanément du dehors et par la ville elle-même.

D'un autre côté, on désarmait nos batteries d'attaque. Une partie de leur matériel, pendant la marche contre Saint-Sébastien, fut conduite à la Venta de Borda, sur la route de Tolosa ; et afin de prévenir les difficultés des chemins pour sortir d'Arazury, en cas de pluie, on rassemblait sous les murs de Pampelune la partie du parc de siège qui n'avait pas dû être dirigée sur Ernani. Cette mesure était devenue nécessaire, quelle que pût être la destination ultérieure de cette portion du parc, parce qu'il pouvait sortir de là par une route carrossable en tout temps, tandis que, pendant la mauvaise saison où l'on allait entrer, les chemins de traverse qui conduisent d'Arazury à la grande route eussent exigé de trop fréquentes réparations.

Les opérations pressantes et simultanées du désarmement des batteries d'attaque, de l'armement complet de Pampelune, de l'expédition des convois d'Arazury sur cette place, et antérieurement sur Saint-Sébastien, d'assez mauvais cantonnemens, après un siége où les hommes et les chevaux avaient eu à souffrir, augmentèrent considérablement les fatigues de l'artillerie, et la privèrent du repos que la prise de Pampelune procurait alors aux autres troupes. Le service de cette arme devînt encore plus pénible par suite du départ de quelques compagnies, qui n'avaient été attachées au cinquième corps que pour le siége, et qui, lorsqu'il fut terminé, dûrent rejoindre leurs parcs ou divisions. Plusieurs officiers étaient tombés malades ; d'autres recevaient l'ordre de se rendre en poste à Cadix, mais ceux qui restèrent, quoiqu'à peine suffisans ponr des travaux multipliés dont l'exécution était souvent demandée à la minute, suppléèrent par leur zèle à leur petit nombre.

Aussi, M. le Maréchal, dans une revue qu'il p.ssa de toutes ces troupes, avant de les diriger sur l'Aragon, dit à l'artillerie :

« Qu'elle avait soutenu devant Pampelune, la belle ré-
» putation qu'elle avait méritée dans tous les temps, qu'il
» comptait encore beaucoup sur elle pour les nouvaux tra-
» vaux qu'on allait entreprendre, et qu'il éprouvait une
» grande satisfaction à se rappeler qu'il avait appartenu à
» cette arme pendant une partie de sa carrière. »

Le général Bouchu écrivait au lieutenant-général Tirlet :

« Je puis avouer hautement, que, dans ma longue car-
» rière militaire, j'ai vu peu d'exemples d'un zèle aussi sou-
» tenu et aussi complet ; officiers et soldats, anciens et nou-
» veaux militaires, tous ont rivalisé d'ardeur et ont fait
» preuve d'un dévouement absolu pour le service. »

Ces éloges furent suivis peu de temps après de diverses récompenses accordées sur la demande de M. le Maréchal, aux officiers, sous-officiers et soldats qui s'étaient le plus distingués.

On vit avec plaisir le jeune canonnier de la 5ᵉ compagnie du 7ᵉ régiment, qui avait eu les deux bras emportés par un coup d'embrasure, en servant, avec le plus grand sang-froid, une des pièces de la batterie n° 6, recevoir la promesse formelle de la décoration de la légion - d'honneur, et de son admission à l'Hôtel royal des Invalides.

Le maréchal de Lauriston désira que le brave Amcline lui

fut présenté à Pampelune; il put l'être *quinze jours après avoir subi deux amputations*, grâces aux soins et aux talens du docteur Gorsse, chirurgien en chef du 5ᵉ corps. Ces preuves publiques d'intérêt données par un maréchal de France au courage malheureux produisirent un bon effet sur les troupes.

Le mouvement du parc de siége sur Lérida exigeait des moyens de transports considérables et d'autant plus difficiles à se procurer, que le pays où l'on allait entrer était moins connu et qu'on y trouverait moins de ressources qu'en Navarre. L'approche de l'hiver imposait d'ailleurs la nécessité de réunir le plus promptement possible le matériel d'artillerie devant une place dont les environs sont marécageux, et deviendraient d'un accès très-difficile pendant la mauvaise saison.

Toutes les compagnies du train disponibles, furent mises en relais jusqu'à Tudela, ville située sur l'Èbre, à 18 lieues d'Espagne de Pampelune, et éloignée de 1 lieue de l'embouchure d'un beau canal de navigation, qui s'étend du Bocal-del-Rey à Sarragosse. Ce canal, construit sous Charles III, était connu de beaucoup d'officiers d'artillerie; il avait été fort utile aux Français dans la guerre de 1808, notamment pendant le mémorable siége des maisons de Sarragosse.

Le général Bouchu décida que le matériel serait embarqué au Bocal-del-Rey, et transporté par eau jusqu'au Torrero, ( faubourg de Sarragosse ).

MM. le chef de bataillon Pluyette, du parc de siége, le capitaine Métayer, du parc de réserve du 5ᵉ corps, les compagnies d'artillerie Thierry (S.), Morel et Vallantin partirent immédiatement de Pampelune, pour le Bocal-del-Rey et pour Sarragosse, afin de reconnaître les localités et veiller à l'embarquement et au débarquement du matériel. Les deux dernières compagnies furent chargées, pendant près de trois mois, de ces travaux fort pénibles.

Le capitaine d'artillerie Vernety, de l'état-major du 5e corps, avait été envoyé quelques jours avant auprès du lieutenant-général Fleyres, capitaine général de l'Aragon, pour faire mettre à la disposition de l'artillerie tous les bateaux affectés au service du commerce sur le canal. Il avait réussi dans sa mission et conclu un marché pour la cession de huit grands bateaux.

En les prêtant à l'armée qui venait délivrer leur roi, les administrateurs du canal prévinrent que l'artillerie française serait traitée au même taux que l'artillerie espagnole, et ne paierait que la moitié des prix du commerce, c'est-à-dire, environ 0 fr. 50 c. par 50 kilogrammes, du Bocal-del-Rey à Sarragosse (les bateaux mettaient un jour et demi pour faire le trajet et autant pour le retour). Cette clause du marché a été exécutée (1). Un second marché fut passé avec le

_____

(1) L'administration du canal resta d'abord assez longtemps sans faire aucune demande de paiement à l'artillerie. Celle-ci évitait d'en parler, pour ne pas donner l'éveil, ne payer que le plus tard possible et présumant d'ailleurs que cette affaire serait traitée de gouvernement à gouvernement. Il a été payé, en définitive, 50,000 fr. environ pour le loyer des bateaux ; il est vrai que le gouvernement espagnol paie lui-même, lorsqu'il emploie cette voie pour des objets appartenant à la couronne.

Voici un autre fait qui peut aussi aider à faire connaître avec quels ménagemens la guerre de 1823 a été conduite. Dans beaucoup d'endroits, les voituriers du Sieur Cigarroa et de la compagnie Noël, étaient obligés de payer un droit aux barrières ou chaines, en assez grand nombre, qui existent encore en Espagne. Ce ne fut pas sans peine qu'on parvint à obtenir des ordres du duc de Grenade, pour être affranchi de cet impôt, qui ne laissait pas que d'être fort onéreux ; les voituriers Noël déboursèrent près de 1200 fr., et c'était une affaire de 500 fr. par jour pour le sieur Cigarroa ( allant et venant ).

Il était pourtant évident que le gouvernement français, ne devait pas

sieur Cigarroa, pour conduire de Pampelune au Bocal-del-Rey ces projectiles, les poudres et d'autres attirails. Les employés de cet entrepreneur parcoururent tout le pays environnant pour en rassembler les voitures; ils furent obligés d'en faire venir d'Irun, de Tolosa et même de Vittoria, afin de pouvoir en trouver 5 à 600. Les paysans de Pampelune à Sarragosse, route que l'on devait suivre, furent de peu de secours. Les semailles, les vendanges et jusqu'aux ferrages de leurs bœufs qu'ils craignaient de ne pouvoir entretenir dans une contrée sans industrie et fort arriérée, enfin cette indolence si naturelle aux Espagnols, les retenaient dans leurs campagnes, bien que les prix qui leur étaient offerts fussent fort élevés.

Outre les 300 chevaux de la compagnie Noël, l'intendant militaire du 5e corps céda également à l'artillerie une partie des voitures appelées *Carromatos* qu'il employait au service de l'administration sous Pampelune et qui ne lui étaient pas nécessaires depuis la possession des magasins de cette place. Mais les brigades civiles étaient loin de pouvoir être maniées comme le train d'artillerie; elles fournirent une preuve, après beaucoup d'autres, de la grande utilité et de la bonne organisation de cette partie du personnel de l'arme. Ces brigades ne marchaient avec ordre et régularité que lorsque les mouvemens simultanés des troupes d'artillerie permettaient d'exercer sur les rouliers une surveillance active et immédiate. Alors,

être obligé de payer un tribut à l'Espagne, pour le transport de l'artillerie qu'il faisait mouvoir pour les opérations de l'armée, et par conséquent pour un service uniquement dans l'intérêt du gouvernement espagnol et de S. M. C., enfin que nos voitures auxiliaires ne devaient pas être traitées autrement que nos voitures d'artillerie, ou que les voitures de poste de simples particuliers chargés de missions pour l'armée française...... Eh bien! le croirait-on? il y eut des royalistes espagnols qui s'escrimèrent à prouver qu'ils avaient droit aux frais de péage, et surtout qu'ils n'étaient tenus à aucune restitution.

malgré eux, on les forçait à atteler à l'heure et à se mouvoir ensemble.

Ces ressources étaient les seules que le pays pouvait offrir. L'artillerie mit tant d'empressement à se les approprier que le génie de la brigade de siége eut de la peine à rassembler ensuite une vingtaine de voitures dont il avait besoin pour le transport de son petit matériel. Pour éviter tout retard, ce matériel, sur la demande du génie, fut même amené du Bocal-del-Rey à Sarragosse ( et plus tard ramené) sur les bateaux de l'artillerie..... Autre exemple à ajouter à la note de l'aide-mémoire du général Gassendi (1) sur les ponts de la Bérézina, pour prouver que les équipages de ponts doivent appartenir au corps qui, par la supériorité de son matériel, disposera toujours des plus puissans moyens de transport à l'armée.

Mais déjà, à Pampelune, nos compagnies du train commençaient à s'affaiblir. Chacune avait un assez grand nombre de chevaux qui ne pouvaient plus faire le service. Pour diminuer les embarras des marches, prévenir la perte de plusieurs animaux, et ne pas les traîner à la suite des compagnies, où il n'était pas possible de leur procurer le repos et les soins que leur guérison exigeait, une infirmerie fut établie à Pampelune, sous la surveillance du lieutenant du train Poulet. Cette mesure eut de bons résultats : en peu de jours, beaucoup de chevaux malades furent rétablis et purent être dirigés sur leurs compagnies.

Les fatigues du siége avaient aussi privé le train de beaucoup d'hommes qui étaient aux hôpitaux. Le nombre en était si grand que presque tous les brigadiers pansaient des chevaux de trait, et que presque tous les soldats avaient plus de deux chevaux chacun. Pour pourvoir au remplacement

_______

(1) 5e édition, page 1215.

de tant d'hommes manquans, le général Bouchu donna, le 8 octobre, l'ordre au colonel d'artillerie Husson, inspecteur du train d'artillerie à Bayonne, de débarrasser l'infirmerie établie au château de Marac (1), pour les 1er, 2e, 3e, et 5e corps, de tous les chevaux qui n'étaient pas susceptibles de redevenir propres au service et qui privaient l'armée d'hommes fort précieux.

D'après l'autorisation du ministre, le colonel Husson vendit tous les chevaux qui ne pouvaient être utilisés de longtemps et dont les frais de nourriture et les médicamens auraient bientôt dépassé la valeur. Un assez grand nombre de soldats qui étaient employés à leur pansage rejoignirent les relais.

La réunion sur un même point de près de 1,800 chevaux et de 900 hommes du train exigeait la présence d'un officier supérieur de ce corps qui fut au courant de tous les détails de service, et qui, par une autorité plus directe et plus spéciale, réglât les mouvemens des diverses compagnies, maintînt les droits de chacune, la discipline de toutes et put, au besoin, se faire rendre compte de l'administration de chaque chef de détachement. Pour ces motifs, le commandant Bouteau, du 1er escadron, fut appelé à Pampelune.

Pendant le séjour de M. le maréchal de Lauriston dans cette ville, quelques autres changemens furent faits dans le personnel de l'état-major de l'artillerie de siége.

Sur sa propre demande, le colonel Lefrançois reprit le commandement de l'artillerie du 3e corps.

(1) Les diverses compagnies du train, eurent, en arrivant à Bayonne, un assez grand nombre de chevaux malades ou blessés. Ces maladies et blessures provenaient de l'état de jeunesse des chevaux, dont la plupart eurent une très longue route à faire par un fort mauvais temps et furent conduits par des soldats et même des sous-officiers nouveaux, pris dans divers régimens de l'armée.

Le colonel Lasnon, commandant l'artillerie du 5e corps, fut nommé chef d'état-major du général Bouchu, qui devait encore joindre à ses fonctions de directeur général des parcs d'artillerie de l'armée le commandement de l'artillerie du siége de Lérida.

M. le maréchal, tout en prescrivant d'abord le mouvement de la totalité du parc de siége sur Lérida, avait ordonné, depuis, que le premier matériel à expédier fut composé de 70 bouches à feu et que l'équipage complet fut rendu devant Lérida pour le 20 octobre au plus tard.

Le colonel Lasnon se rendit à Sarragosse, pour que les transports par terre et par eau se fissent simultanément avec tout l'ordre et toute la célérité possibles. Il lui fut prescrit aussi de réunir tout ce qui pourrait être utilisé dans cette ville pour le siége de Lérida : personnel, armes, poudres, bois, fer, projectiles, etc. Il y trouva environ 2,000 boulets de 24, 16 à 18,000 boulets de 16, 100 obus de 8 pouces espagnols et 4,000 bouchons de 24 et de 16. Ce dernier approvisionnement n'était pas le moins utile : le foin était extrêmement rare dans cette partie de l'Espagne, et le transport soit de celui qui était rassemblé à Arazury, soit des bouchons déjà confectionnés, était très-embarrassant et difficile même à préserver de vol ou d'avaries, dans un pays où les bœufs et les chevaux ne recevaient que de la paille hachée.

D'après les renseignemens qui avaient été pris, les environs de Lérida fournissaient peu de bois pour la confection des gabions et saucissons. On n'en trouvait pas non plus près de Sarragosse. Pour éviter les retards qu'aurait pu occasionner leur construction avec des sarmens de vigne, auxquels on avait été obligé de recourir, disait-on, dans les guerres précédentes, on prit le parti d'emporter de Pampelune les gabions et saucissons qui avaient été préparés pour le siége de cette place. Ce transport avait lieu sans frais, en distribuant le gabionage sur chacune des voitures de l'entrepreneur Cigarroa et sur les bateaux du Bocal-del-Rey, les unes et les autres étant d'ailleurs chargées du poids convenu.

Les magasins de Pampelune avaient fourni une faible quantité de sacs à terre. Afin de ne pas en manquer dans la construction des batteries que le défaut de bois ne permettrait pas de revêtir d'une autre manière, il en fut commandé 40,000 à Sarragosse.

Le *Segre*, dont on savait que le pont était coupé à *Fraga*, et la *Cinca* pouvant nécessiter l'emploi de quelques bateaux, le général Bouchu fit venir une portion de l'équipage de pont qui était réuni à Bayonne. Dix voitures de cet équipage, dont cinq chargées de bateaux et les cinq autres chargées de leurs agrès, furent conduites jusqu'au Bocal-del-Rey, d'où une compagnie d'artillerie à pied ( capitaine Audoury ) les amena sur le canal jusqu'à Sarragosse. C'était à la fois un moyen d'utiliser ces bateaux de forme et de construction nouvelles et d'en faire un essai concluant.

M. le Maréchal manisfestait un grand empressement pour l'arrivée devant Lérida de l'équipage des 70 bouches à feu, et paraissait craindre que la promptitude de ce mouvement ne répondit pas entièrement à ses désirs. Ils eussent été devancés, si la navigation sur l'Ebre jusqu'à Mequinenza, sur laquelle on avait d'abord compté, n'eût été impraticable. Néanmoins les efforts de l'artillerie furent tels que les 70 bouches à feu avec lesquelles on devait commencer les opérations contre Lérida étaient rendues à Sarragosse le 15 octobre, non seulement avec tout leur armement et leur approvisionnement, mais encore avec une augmentation de 50 coups pour chacun des gros calibres et de 300,000 cartouches d'in-

fanterie. Dès le 11 octobre, le colonel Lasnon était à même
de mettre en route de 40 à 45 bouches à feu qui, par terre,
seraient arrivées avant le 15 à Fraga. Le maréchal de Lauriston,
dont le colonel Lasnon demanda les ordres pour ce mouvement,
le fit suspendre, parce qu'il attendait des renseignemens
d'un officier chargé d'une reconnaissance.

Parti de Pampelune le 4 octobre, le maréchal était arrivé
le 5 à Sarragosse, après s'être embarqué au Bocal-del-Rey
sur un bateau d'honneur que les autorités locales lui offrirent

Une partie de la 12ᵉ division du 5ᵉ corps, commandée
par le lieutenant-général Pêcheux, l'avait précédé. Cette
division quitta Pampelune, le 1ᵉʳ octobre, avec 100,000 cartouches d'infanterie. Elles furent embarquées sur le premier
bateau que le commandant d'artillerie Pluyette expédia pour
le faubourg du Torrero.

La 11e division, commandée par le lieutenant-général Ricard (rappelé de Saint-Sébastien, qui devait être occupé par
le 3e corps, ainsi que toutes les places de la Navarre) ne
tarda pas à suivre la division Pêcheux. — Le 12 octobre,
tout le 5ᵉ corps était dans les environs de Sarragosse.

Il existait encore entre cette ville et Lérida quelques troupes ennemis. Nos convois en auraient pu être inquiétés. On
fit battre le pays par plusieurs escadrons de cavalerie légère.
C'est dans une des rencontres de cette cavalerie avec des
partisans constitutionnels que l'ex-ministre et colonel San
Miguel fut grièvement blessé et fait prisonnier.

Quelques fanatiques, des premières maisons de Sarragosse,
osèrent demander à des Français la tête de ce colonel. L'honneur militaire et la protection due à tout ennemi désarmé furent
sa sauve-garde. Quinze jours après (comme s'il fallait du
sang à tous les partis!) un trompette français, du train d'artillerie, qui portait tranquillement un sac de fourrage, fut
frappé d'un coup de poignard, en plein jour, sur une pro-

menade de la même ville. Cette fois, d'obscurs assassins furent mieux servis dans leur vengeance aveugle contre un soldat que ne l'avaient été de grands personnages demandant une tête ministérielle. Le malheureux trompette ne survécut pas à sa blessure, tandis que le colonel, si noblement mis hors de combat, devint l'objet de toute espèce de soins et finit par se rétablir.

Le trajet qui restait à faire à l'artillerie parvenue à Sarragosse offrait beaucoup de difficultés. Il fallait s'engager dans des chemins de traverse que la mauvaise saison pouvait d'un moment à l'autre rendre impraticables. Par la confiance que le sieur Cigarroa inspirait aux paysans basques, ses compatriotes, et aux habitans de la Navarre, il les avait déterminés à conduire leurs attelages jusqu'au Bocal-del-Rey. Mais ces paysans refusaient d'aller plus loin, et il était bien à craindre que même une forte augmentation de prix n'en décidât qu'un très-petit nombre à mener leurs voitures jusqu'à Lérida, à plus de 70 lieues de leurs foyers.

La reconnaissance que le capitaine d'artillerie Vernety fit de la navigation de l'Èbre, ayant obligé à renoncer à tout transport par eau sur ce point, on eut recours au moyen qui jusques là avait si bien réussi, celui de mettre les compagnies du train en relais. Toutes furent dirigées sur Sarragosse, et par les soins des adjudans-majors Fouet et Viviant, échelonnées jusqu'à Fraga (à 5 journées de cette dernière ville), où le parc devait être réuni. Ces relais nécessitèrent 12 compagnies du train. Le 15 octobre, elles commencèrent, avec plusieurs brigades de la compagnie Noël, à transporter les bouches à feu et les affûts; les approvisionnemens vinrent ensuite.

Un des premiers soins du colonel Lasnon à Sarragosse, avait été de passer un marché pour le transport, toujours si long et si embarrassant, des projectiles. Mais cette partie du service donna un instant de l'inquiétude. Un entrepreneur français qui, avec l'approbation de M. le Maréchal, avait traité avec le colonel Lasnon, refusa bientôt d'exécuter son marché. Heureusement le sieur Cigarroa, que le général Bouchu avait appelé par prévoyance sur ce point, se chargea des transports jusqu'à Lérida. Il s'en chargea à des conditions moins onéreuses que celles qui avaient été déjà consenties, quoiqu'il ne put douter qu'on était dans l'obligation de recourir à lui, à quelque prix que ce fût (1).

Le général Bouchu arriva à Sarragosse le 18 octobre. Les expéditions du matériel se firent avec une nouvelle célérité. Le parc général de campagne de la grande armée, dont ce général (alors colonel) avait été longtemps directeur, durant les guerres de Napoléon en Allemagne, ne marchait pas plus rapidement que ce parc de siége. Après que le service des transports pour les mouvemens successifs de tout le parc fut assuré, il se rendit auprès de M. le Maréchal, à Fraga.

### Reddition de Lérida.

On présumait généralement que Lérida n'attendrait pas pour se rendre que notre artillerie put agir. La délivrance du roi d'Espagne, était déjà publiquement annoncée. Elle devait mettre fin à une guerre qui n'avait pas eu d'autre but... Mais nos préparatifs d'attaque n'en devaient pas moins continuer.

Le lieutenant-colonel Henraux fit la reconnaissance de Lérida, et s'occupa des premières dispositions pour les travaux du siége. Les compagnies d'artillerie à pied (capitaines Ledilais, Graffan, Thierry (S.) étaient prêtes à les commencer.

M. le Maréchal avait porté son quartier-général à Alcar-

_______

(1) Pendant la campagne de 1823, M. Cigarroa a poussé le désintéressement jusqu'à renoncer à un gain, licite et manifeste, de plus de 100,000 francs. — Honneur à l'homme qui, en servant son pays, a su concilier ses intérêts privés avec ceux de l'état !

raz. En même temps qu'il faisait faire une sommation au gouverneur de Lérida, il ordonnait de rapprocher de la place nos moyens d'attaque. Un premier dépôt de l'équipage de siége fut établi à Sosez, à deux lieues en avant de Fraga. Tous nos convois furent dès lors dirigés sur ce point, où le lieutenant-colonel Brunery fut chargé de les recevoir.

Le 22 octobre, un ordre du jour de M. le Maréchal annonça que les hostilités étaient suspendues jusqu'à nouvel ordre contre la garnison de Lérida. Deux officiers constitutionnels partirent pour Madrid, afin de s'assurer si leur souverain était libre; le gouverneur ne mettait que cette dernière condition à l'occupation de la ville et de la citadelle par les troupes françaises.

Ces nouvelles ne retardèrent en rien la marche du parc de siége sur Sosez. L'intention de M. le Maréchal était de le porter le plus promptement possible en Catalogne, et de joindre tous ses moyens à ceux du 4e corps, pour réduire Barcelone qui résistait encore et où Mina s'était enfermé. Dans cette hypothèse, il fallait se hâter pour l'arrivée des convois. Si les pluies survenaient, il serait difficile de traverser le restant de la Catalogne. Lors de la marche sur Fraga, une seule journée de pluie avait suffi pour doubler les difficultés de la route. Les roues de nos voitures s'enfonçaient jusqu'aux moyeux.

Le roi Ferdinand, tout en approuvant la conduite du gouverneur de Lérida, lui donna l'ordre d'ouvrir aux Français les portes de la ville et de la citadelle. Au retour des deux officiers, le château où la garnison s'était retirée pendant la trève, fut occupée par des troupes du 5e corps.

## Dispositions prises contre Barcelonne.

Cadix était pris; les Cortès se réfugiaient à Gibraltar,

pour échapper au sort de Riégo , dont le procès commençait à s'instruire à Madrid ; L'Abisbal, Morillo, Ballesteros, avaient fait leur soumission ; le duc d'Angoulême ramenait en triomphe la famille royale à Aranjuez... Quelle résistance pouvait encore opposer Mina, défenseur opiniâtre et quelquefois heureux des Cortès, mais à la fin bloqué dans une place forte par M. le maréchal Moncey ? Deux corps d'armée, conduisant avec eux un matériel d'artillerie considérable, allaient être prêts à entreprendre le siége de Barcelonne.

Le 25 octobre, presque tout le parc de siége du 4e corps se trouvait réuni devant cette dernière ville. M. le lieutenant-général baron Berge , commandant l'artillerie de ce corps d'armée devait aussi avoir le commandement de l'artillerie du siége de Barcelonne.

Le 26 octobre, le général Bouchu reçut l'ordre du duc d'Angoulème de remettre à ce général la partie du parc de siége qui devait entrer en Catalogne et de se rendre entièrement à ses fonctions de directeur-général des parcs d'artillerie de l'armée.

Le colonel Lasnon fut nommé provisoirement directeur du parc de siége du 5e corps , en remplacement du colonel Gérin , malade depuis longtemps , et qui , malgré l'affaiblissement de sa santé, avait toujours mis dans le service un zèle digne des plus grands éloges.

Le colonel Raindre et le lieutenant-colonel Eggerlé, le chef de bataillon Even, les capitaines Bollenot et Ferrary, nouvellement promus à des grades supérieurs, passèrent sous les ordres du colonel Lasnon et devaient prendre part au nouveau siége.

L'équipage de siége du 5e corps, réparti à Lérida, Sosez, Fraga, Sarragosse, Bocal-del-Rey et Pampelune, avait été accru de plusieurs pièces et approvisionnemens de l'artillerie espagnole. A cette époque, il était composé de 134 bouches

à feu, avec 1,000 coups par pièce, terme moyen. Les arme-
mens et autres approvisionnemens étaient dans une proportion assez considérable. Il y avait 3 millions de cartouches
d'infanterie, car, malgré les soins que pouvait apporter l'artillerie pour éviter les consommations superflues, il eût été
difficile d'obtenir de jeunes soldats, toute l'économie désira-
ble sous ce rapport. La consommation des munitions devait
aussi être très-grande partout où il y aurait des troupes espagnoles auxiliaires et où l'on armerait les gardes urbaines, vu
l'impossibilité de les surveiller.

Le 4ᵉ corps n'avait pas besoin de la totalité de l'équipage
du 5ᵉ. La très-grande difficulté de trouver les moyens
de transport au-delà de Lérida, leur excessive cherté, l'état
des chemins déjà fort mauvais et qui ne pouvaient qu'em-
pirer, la conservation de nos compagnies du train, tout
prescrivait de n'amener en Catalogne que le strict nécessaire. Le lieutenant-général commandant en chef l'artillerie de l'armée en donnait l'ordre formel, et avait même
désapprouvé la marche sur Lérida de tout le parc qui était
à Pampelune. Ce mouvement coûtait près de 500,000 francs,
quoique les chefs de l'artillerie eussent apporté les soins les
plus minutieux pour prévenir de trop grandes dépenses, et
quoique le sieur Cigarroa eut mis beaucoup de rondeur dans
ses marchés, comparativement surtout aux propositions faites
par d'autres entrepreneurs. Le transport du même parc jusqu'à Barcelonne eût été pour le moins aussi dispendieux.

### Reddition de Barcelonne

En attendant la révocation des ordres de M. le maréchal
de Lauriston, les convois dirigés sur Sosez dûrent continuer
leur route. On en inférait que Barcelonne hésitait à se rendre. Mais la jonction du 4ᵉ et du 5ᵉ corps devait mettre fin

aux hostilités dans toute la Catalogne. Mina, Rotten, Milans, Llobéras, réfugiés dans une des plus belles villes de leur patrie, qui avait été naguères ravagée par la fièvre jaune, lui épargnèrent un nouveau fléau : les calamités d'un siége, désormais inutile. Les chefs constitutionnels, désespérant pour le moment de leur cause, acceptèrent la capitulation honorable que le duc de Conégliano leur offrit.

Ce dénouement fut bientôt connu.

Le lieutenant-général Berge annonça au lieutenant-général Bouchu que Barcelonne, Tarragonne et Ostalrich devaient être occupées le 4 novembre par nos troupes. Les deux équipages de siége, qui avaient coûté tant de soins et d'efforts, devenant inutiles, il ne fallut plus songer qu'à leur rentrée en France.

### Evacuation des parcs d'artillerie sur Bayonne et Perpignan.

Le colonel Lasnon expédia sur-le-champ, à Sarragosse, au Bocal-del-Rey et à Pampelune, l'ordre de suspendre toute espèce de convois sur Lérida.

Un capitaine d'artillerie (M. Menard), envoyé en poste du grand quartier-général, alors à Ocagna, joignit à Fraga le lieutenant-général Bouchu et lui remit l'ordre du lieutenant-général Tirlet de faire rétrograder tout le parc de siége du 5ᵉ corps vers Bayonne, en commençant par les bouches à feu, les affûts, etc. Des raisons militaires et politiques, discutées au grand quartier-général, paraissaient avoir fait prescrire cette mesure. De nouvelles instructions du lieutenant-général Tirlet chargèrent le lieutenant-général Bouchu de toutes les dispositions à prendre pour l'évacuation du matériel de siége du 5ᵉ corps.

Il y avait, dans les parages de Lérida, 96 bouches à feu (dont quelques-unes espagnoles qui furent remises dans cette ville), 27,000 projectiles, etc. Il était plus prompt et plus économique de les diriger sur Perpignan que sur Bayonne. Des ordres furent donnés dans ce sens au colonel Lasnon.

D'un autre côté, 31 bouches à feu, avec 22,000 projectiles, étaient à Sarragosse. Le restant du parc était au Bocal-del-Rey ou à Tudela. Les transports rétrogrades de ce matériel seraient plus faciles et moins onéreux par les bons chemins de la Navarre que par ceux de la Catalogne. Les places de la direction de Bayonne avaient été dégarnies de toutes leurs bouches à feu; il était convenable de les ramener sur ce point. Le colonel Raindre en fut chargé.

L'évacuation du matériel, ainsi faite simultanément sur deux points opposés, devait être plus prompte que faite sur un seul point; mais elle était d'autant plus pénible que le personnel attaché à l'artillerie de siége venait d'être réduit pour composer l'armée d'occupation. Ce qui manquait principalement, c'était des compagnies du train : car, pour plus d'économie, on ne voulait avoir recours qu'à ces compagnies et aux attelages de la compagnie Noël. L'artillerie employa ces attelages tant qu'elle le put; mais elle y trouvait alors de faibles ressources. L'intendance militaire avait repris plusieurs voitures que les besoins des subsistances réclamaient. Les chevaux de plusieurs brigades avaient beaucoup souffert dans le trajet de Sarragosse à Lérida. Quelques rouliers, n'ayant rien reçu depuis longtemps de leur administration, ne pouvaient ni remplacer les chevaux en assez grand nombre qu'ils avaient perdus, ni réparer leurs charrettes dégradées; et l'artillerie, qui n'avait aucune relation de comptabilité établie avec la compagnie Noël, ne pouvait, de son côté, faire aux employés de celle-ci les avances pécuniaires qui leur auraient été nécessaires.

La force moyenne de nos compagnies du train était réduite à 100 chevaux. Un ordre de M. le maréchal de Lauriston retenait 5 compagnies, près de Lérida, pour l'évacuation sur

Perpignan ; il n'en restait plus que 6 pour les transports de Sarragósse à Bayonne, ce qui était insuffisant.

Le général Bouchu eut recours, dans ces circonstances, aux compagnies du train de la portion des 1er, 2e et 3e corps que le prince ramenait en France. A l'arrivée à Bayonne du matériel de campagne de ces trois corps, toutes furent dirigées sur la Navarre, afin de coopérer à la rentrée de l'artillerie de siége. Le colonel Raindre les mit successivement en relais du Bocal-del-Rey à Pampelune et de Pampelune à Bayonne, où le directeur de l'arsenal eut ordre de prendre tout le matériel en remise.

Cette place contint ainsi des équipages de siége et de bataille considérables. Une commission présidée par le chef de bataillon Baudin, très-entendu en constructions d'artillerie, fut chargée de visiter tout ce matériel et de constater les dégradations survenues pendant la campagne principalement pour pouvoir juger les améliorations adoptées depuis la dernière guerre. Il est à regretter que quelques-unes des grandes modifications au matériel d'artillerie, réclamées depuis 1818 par plusieurs généraux de l'arme, n'aient pu être soumises aux épreuves d'une campagne qui, de toutes les expériences qu'on peut faire, sont les plus concluantes.

Pour hâter l'évacuation du matériel sur Bayonne, on la fit marcher de front avec le passage des divers corps de l'armée, et on établit les relais dans des villages qui n'étaient pas des gîtes d'étapes pour les autres troupes. L'intendance militaire eut ainsi de nouvelles difficultés à vaincre pour assurer les vivres et les fourrages sur tant de lieux différens ; mais, grâce aux soins et à l'activité de ses agens, les distributions eurent toujours lieu d'une manière régulière (1).

(1) Lorsque le siège de Pampelune nécessita une grande réunion de personnel et de chevaux d'artillerie sous les murs de cette place, les

Quelques compagnies du train du $4^e$ corps furent mises sous les ordres du colonel Lasnon pour aider à l'évacuation d'une partie de son matériel, ce qui l'accélera beaucoup. Elle eut lieu à la fois par terre et par mer. Il y aurait eu économie de temps et d'argent, à faire l'embarquement à Tarragonne. D'après une reconnaissance du capitaine Thierry (S.), le chemin de Lérida à cette place n'étant pas alors praticable pour les voitures d'artillerie, le colonel Lasnon fut forcé de diriger presque tout son matériel sur Barcelonne, où il fut embarqué.—Le débarquement devait se faire à l'embouchure du canal du midi; et comme ce canal a deux débouchés avec la mer, l'un à Agde et l'autre au port de la Nouvelle, il fut préférable de débarquer à ce dernier port. On put diriger de là, à peu de frais, sur les places des Pyrenées orientales, le matériel qu'on devait y laisser. Tout le reste fut conduit à Toulouse par le canal du midi. Le débarquement à Collioure eût occasioné des transports inutiles par terre, pour conduire de là au canal le matériel qui devait être amené à Toulouse.

L'évacuation des projectiles, des plate-formes, des bois de blindage, etc., eût été fort longue, faite par l'artillerie; elle eût ruiné nos chevaux et occasionné, quelques moyens qu'on

distributions de fourrages éprouvèrent, dans les premiers jours, des difficultés et des retards. Quelques distributions ne furent même pas de la demi-ration, pour la paille qu'on prenait ordinairement dans des maisons de particuliers désignées par les alcades, et par les soins de l'intendance militaire ou des employés de l'administration. Il y eut des distributions de vin arriérées, et celles de chauffage ont quelquefois manqué entièrement.

A Sarragosse, on ne reçut pendant quelques jours que la demi-ration d'orge, et dans les marches de la portion du parc de siége, dirigée de cette place sur Lérida, les gites d'étapes entre Sarragosse et Fraga n'étant pas complètement approvisionnés, on n'éprouva que l'inconvénient de transporter les vivres et l'orge pour plusieurs jours.

employât, des dépenses supérieures à la valeur des objets transportés. Sur la proposition du lieutenant-général Bouchu et d'après l'ordre du lieutenant-général Tirlet, les bois furent vendus. On ne conserva que ceux qui furent nécessaires au service de l'artillerie pour la défense des places que nous devions occuper.

87,000 projectiles, de tous calibres, rassemblés au Bocal-del-Rey, où les bateaux du canal les transportèrent à peu de frais, devaient être laissés en Espagne et échangés pour le même nombre de projectiles espagnols pris dans des places maritimes ou plus rapprochées de nos frontières que le Bocal-del-Rey. Par suite d'une négociation entre les deux gouvernemens, ces projectiles furent ensuites échangés pour une égale valeur de vieux bronze espagnol, qu'on croit supérieur au bronze français.

D'après les ordres du duc d'Angoulême, vivement sollicités par le général Tirlet, les bouches à feu, les armes et les munitions françaises, qui étaient tombées au pouvoir de l'armée française dans les places qu'elle occupait, furent dirigées sur Bayonne et sur Perpignan, avec le matériel de siége. On en trouva un petit nombre à Pampelune, à Saint-Sébastien, au Castillo de Sarragosse.... Quelques généraux espagnols virent avec un vif déplaisir l'enlèvement de ces trophées, d'autant plus précieux pour eux qu'ils étaient plus rares. Pour l'empêcher, ils prétextaient n'avoir reçu aucun avis de leur gouvernement. Les officiers d'artillerie, respectant chez des militaires étrangers un sentiment bien naturel d'amour propre national, adoucirent, autant qu'il dépendit d'eux, l'exécution des ordres du prince ; mais ils n'en continuèrent pas moins de s'y conformer, empressés qu'ils étaient de rendre à la patrie des armes qu'elle avait perdues dans des temps moins heureux.

L'évacuation se prolongea jusqu'à la fin de février 1824. A leur rentrée à Bayonne, les compagnies du train furent réorganisées par le lieutenant-général Bouchu, les unes sur le pied de paix et les autres complétées sur le pied de guerre, suivant la destination que le lieutenant-général Tirlet leur avait assignées à l'intérieur ou à l'armée d'occupation. Avant cette réorganisation, les colonels Husson et Raindre avaient été autorisés à vendre, sur les lieux, les chevaux du train hors de service, ce qui fit économiser la nourriture, alors fort chère, de ces animaux.

### Liquidation de la comptabilité de l'artillerie.

Aussitôt que les opérations militaires furent terminées dans la péninsule, le directeur-général des parcs d'artillerie s'occupa de la liquidation de toutes les dépenses faites en Espagne par l'artillerie. Ce travail de centralisation fut fait par le lieutenant-général Bouchu, tant à Bayonne qu'à Paris. Il fallait justifier, par des pièces régulières, de l'emploi des sommes reçues et dépensées sur tous les points, rendre enfin des comptes clairs et exacts que le ministre de la guerre put présenter aux chambres législatives ou à la cour des Comptes.

Cette tâche a été entièrement remplie. Tous les documens authentiques qui devaient être joints à l'appui de la comptabilité-finances de l'artillerie de l'armée, ont été vérifiés par les bureaux de la guerre et revêtus de l'approbation du ministre.

Les nombreux détails de cette comptabilité fourniraient, au besoin, plus d'une preuve de la constante sollicitude que les officiers et employés du corps de l'artillerie apportèrent dans la gestion des deniers de l'État. Dans une guerre qui a coûté tant de millions à la France, la totalité des dépenses spéciales de l'arme qui a le plus contribué à la reddition de Cadix, de Pampelune et de Barcelonne, principaux centres de résistance de l'armée des Cortès, ne s'est pas élevée à *quatorze cent mille francs.*                    B. . .

*Paris, Juin 1824.*

(N° 1.) *Situation du matériel existant devant Pampelune à l'époque du 1ᵉʳ septembre 1823.*

| DÉSIGNATION DES OBJETS. | | | QUANTITÉS |
|---|---|---|---|
| Bouches à feu. | Canons | de 24 | 27 |
| | | de 16 | 41 |
| | | de 12 | 20 |
| | Obusiers. | de 8 pouces | 10 |
| | Mortiers | de 12 — | 15 |
| | | de 10 — | 5 |
| | | de 8 — | 8 |
| Total des bouches à feu. | | | 126 |
| Affûts | à canons | de 24 | 31 |
| | | de 16 | 52 |
| | | de 12 | 25 |
| | à obusiers | de 8 pouces | 13 |
| | à mortiers | de 12 — | 17 |
| | | de 10 — | 6 |
| | | de 8 — | 9 |
| Total des affûts | | | 153 |
| Chariots | à munitions | | 134 |
| | à canons | | 45 |
| Camions | | | 16 |
| Charrettes | à boulets | | 60 |
| | à munitions | | 15 |
| Caissons | d'outils | | 8 |
| | d'artifices | | 2 |
| Forges de campagne à 4 roues | | | 7 |
| Trique-balles | | | 2 |
| Total des voitures | | | 289 |
| Boulets | de 24 | | 22,832 |
| | de 16 | | 35,599 |
| | de 12 | | 25,530 |
| Obus de 8 pouces | | | 7,959 |
| Bombes | de 12 pouces | | 7,955 |
| | de 10 — | | 4,778 |
| | de 8 — | | 4,304 |
| Poudre à canon, kil. | | | 130,150 |
| Pierres à feu | | | 145,500 |
| Sacs à terre | | | 64,500 |
| Cartouches d'infanterie | | | 1,463,776 |
| Outils à pionniers tranchans | Pelles | carrées | 4,271 |
| | | rondes | 1,572 |
| | Pics | boyaux | 6,861 |
| | | à roc | 888 |
| | Tranchans | haches | 1,400 |
| | | serpes | 2,000 |
| Plates-formes | à canons et obusiers | | 90 |
| | à mortiers | | 24 |
| Mèches à canons | | | 3,600 |

(N° 2.) *État nominatif du personnel employé au parc pendant le siége.*

| NOMS. | GRADES. | EMPLOIS. | OBSERVATIONS. |
|---|---|---|---|
| *État-major du parc de siége.* | | | |
| Gérin | Colonel | Directeur | |
| Brunery | Lieut.-colonel | Sous-directeur | |
| Hulot | Chef de bataillon | Idem | |
| Pluyette | Idem | Idem | |
| Romain de Vassal | Capitaine en second | Adjoint | Appart. à la dir. gén. des parcs. |
| Giret | Idem | Idem | |
| Laugaudin | Idem | Idem | |
| De Cremoux | Idem | Idem | Appar. au parc gén. de camp. |
| Prinet | Cap. adj.-maj. 8e r. d'art. à pied. | Ad.-maj. pour le pers. du parc. | Arr. à Arazuri le 11 septemb. |
| Paquet | Adj.-s.-offic. du 8e régiment | Adj.-sous-offic. pour idem. | Idem. |
| Viviant | Cap. adj.-maj. du train, 1er escad. | Adj.-maj. pour le train | |
| Fouet | Idem, 6e escad. | Idem | Arrivé le 9 sep. dev. Pampel. |
| Maguier | Adj.-s.-offic. du train. | Adj.-s.-offic. du du train. | |
| Lambert | Idem | Idem | |
| Clavel | Chirurgien-maj. | Pour le personnel du parc. | Arr. à Arazuri le 12 septemb. |
| Mignot | Chirurg.-s.-aide | Idem | |
| Pelisson | Garde de 2e cl. | Conduct. princ. | |
| Vautier | Garde de 3e cl. | Conduct. ordin. | |
| Bretin | Idem | Idem | |
| Gerbaux | Idem | Idem | Appart. à la dir. gén. des parcs. |
| Martin | Maître artificier. | Maître artificier. | |
| *Appartenant au 5e corps.* | | | |
| Métayer | Capitaine en 2e. | Adjoint | Empl. au parc de siége depuis le 11 sept. |
| Lemarquant | Idem | Idem | Idem. |
| Munier | Idem | Idem | Idem. |
| Murat | Garde de 3e cl. | Conduct. ordin. | Idem. |
| Dôle | Idem | Idem | Idem. |
| Richard | Idem | Idem | Idem. |

(N° 3.) *Etat nominatif du personnel employé à l'état-major du siége.*

| NOMS. | GRADES. | EMPLOIS. | OBSERVATIONS. |
|---|---|---|---|
| Baron Bouchu.. | Maréchal - de - camp. . . . | Command¹ l'artillerie du siége. | |
| Espéronnier. . | Capitaine en 1ᵉʳ | Aide-de-camp.. | |
| Lefrançais. . . | Colonel. . . . | Chef d'état-maj. | |
| Henraux. . . | Lieutenant - Colonel. . . . | Chargé de la surveillance des travaux | |
| Molin. . . . | Chef d'escadron | Adjoint. . . . | |
| De Quélo. . . | Chef de bataillon | Idem.. . . . | |
| Rapatel.. . . | Idem.. . . . | Idem.. . . . | |
| Cuvelier.. . . | Idem.. . . . | Idem.. . . . | |
| Aubert de Vincelles. . . . | Capitaine en second. . . . | Idem.. . . . | |
| Guy (A.-M.) . | Idem.. . . . | Idem.. . . . | |
| Guernaux. . . | Idem.. . . . | Idem.. . . . | |
| De Barreau.. . | Idem.. . . . | Idem.. . . . | |
| Elias. . . . | Idem.. . . . | Idem.. . . . | |
| Reboul. . . . | Idem.. . . . | Idem.. . . . | |

*Appartenant au 5ᵉ corps.*

| NOMS. | GRADES. | EMPLOIS. | OBSERVATIONS. |
|---|---|---|---|
| Lasnon. . . . | Colonel. . . . | Command¹ l'art. du 5ᵉ corps. . | |
| Raindre.. . . | Lieutenant - colonel. . . . | Commandant les batteries de la rive droite de l'Arga . . . | |
| Saint-Jacques. . | Chef d'escadron | A l'état - major du 5ᵉ corps. | |
| Karth. . . . | Capitaine en 2ᵉ. | Idem.. . . . | |
| Vernety.. . . | Idem.. . . . | Idem.. . . . | |
| Mas. . . . . | Garde de troisième classe.. | Au parc du 5ᵉ corps. | |

*Appartenant à l'état-major de la direction générale des parcs.*

| NOMS. | GRADES. | EMPLOIS. | OBSERVATIONS. |
|---|---|---|---|
| Eggerlé.. . . | Chef de bataillon | Adjoint. . . . | |
| Lejeune.. . . | Capitaine en 2ᵉ. | Idem.. . . . | |
| Robbe. . . . | Garde de deuxième classe.. | Caissier de la direction générale des parcs | |
| Bernard.. . . | Garde de troisième classe.. | Conducteur ordinaire. . . | |

(N° 4.) *Etat présentant l'effectif au 1er Septembre, des compagnies d'artillerie attachées au siége.*

| NUMEROS DES | | NOMS DE MM. LES | | | EFFECTIF AU 1er SEPT. | | | EFFECTIF GÉNÉRAL. |
|---|---|---|---|---|---|---|---|---|
| Régimens. | Compag. | Capitaines commandant. | Lieutenans en premier. | Lieutenans en second. | Officiers. | Troupes. | Total. | |
| 1er | 1re | Jacquin. | Céas. | Champeau. | 3 | 80 | 83 | 1 567 parmi lesquels seulement 800 étaient en état de faire le service. |
| | 2e | Poilleux. | Bollenot. | Tribalet. | 3 | 79 | 82 | |
| 3e | 1re | Morel. | Tinchant. | Perrayon. | 3 | 80 | 83 | |
| | 2e | Thiéry (S.). | Despaignol. | Meyssonnier. | 3 | 80 | 83 | |
| 6e | 3e | Bezault. | » | Labarthe. | 2 | 70 | 72 | |
| | 5e | Vallantin. | Born. | Gérardin. | 3 | 80 | 83 | |
| 7e | 6e | Graffan. | Brédif. | Lesollière. | 3 | 80 | 83 | |
| | 8e | Ledilais. | Ferrary. | Delafoye. | 3 | 79 | 82 | |
| 8e | 1re | Cotte. | Lair. | » | 2 | 100 | 102 | |
| | 2e | De Broca. | Goux. | Emmery. | 3 | 99 | 102 | |
| | 5e | Douzou. | Bert. | D'Herbelot. | 3 | 99 | 102 | |
| | 6e | De Saint-Simon. | Pe-de-Arroz. | » | 2 | 101 | 103 | |
| | 7e | Doublet. | Choffé. | Bouchon. | 3 | 98 | 101 | |
| | 11e | Audoury. | Loyau. | » | 2 | 81 | 85 | |
| 1er à cheval. 2e | | De Lacoste. | Mallet. | Gouy. | 3 | 70 | 73 | |
| Ouvriers. 2e | | Even. | » | Raillard. | 2 | 48 | 50 | |

(N° 5.) *Etat présentant l'effectif au 1ᵉʳ septembre des compagnies du train employées au siège.*

| NUMÉROS des | | NOMS DE MM. LES | | EFFECTIF au 1ᵉʳ Sept. | | OBSERVATIONS. |
|---|---|---|---|---|---|---|
| Escadrons | Compag. | Commandant de compagnies. | Sous-Lieutenans. | Hommes. | Chevaux. | |
| | | *Appartenant au parc de siège* | | | | |
| 1ʳᵉ | 4ᵉ | Burlot, Cap. | Molsheim. | 106 | 174 | |
| | 5ᵉ | Cazin, lieut.. | Crémon. | 110 | 177 | |
| | 6ᵉ | Legrand, lieut.. | Moriset. | 112 | 179 | |
| | 7ᵉ | Petit, lieut.. | Luzeux. | 111 | 174 | |
| 6ᵉ | 4ᵉ | Bourriot. cap. | Boileau. | 110 | 179 | |
| | 6ᵉ | Poulet, lieut. | Denizot. | 111 | 176 | |
| | 7ᵉ | Marteau, lieut. | Lemaire. | 111 | 180 | |
| | | *Appartenant au 3ᵉ corps.* | | | | |
| 2ᵉ | 3ᵉ | Lestrut, capit. | | 105 | 150 | |
| | 6ᵉ | Genoud, lieut. | Lidunq. | 105 | 150 | |
| | 7ᵉ | Maillot, lieut. | | 105 | 150 | |
| | | *Appartenant au 5ᵉ corps.* | | | | |
| 1ʳᵉ | 2ᵉ | Frossart, capit.. | Prot. | 110 | 173 | |
| | 3ᵉ | Wæselink, lieut | Thiélas. | 111 | 177 | |
| 6ᵉ | 2ᵉ | Mouren, cap. | Buquillon. | 110 | 172 | |
| | 3ᵉ | Merand, cap. | Gervais. | 110 | 167 | |
| | | *Destinées pour le parc général de campagne à Madrid.* | | | | |
| 7ᵉ | 6ᵉ | Mourat, lieut. | Nugues. | 107 | 167 | |
| 8ᵉ | 5ᵉ | Martin, lieut. | Rey. | 107 | | |
| | | Effectif général officiers et chevaux d'officiers compris. | | 1741 | 2717 | Parmi lesquels 1250 h. et 2550 chev. étaient en état de faire le service. |

(N° 6.) *Tableau présentant les détails relatifs aux batteries à feux courbes, à l'époque du 5 septembre.*

| NOMS des batteries. | NUMÉROS | | ARMEM. DES BATTERIES. | | | | OBJETS DES BATTERIES. | NOMS DE MM. | | |
|---|---|---|---|---|---|---|---|---|---|---|
| | des régim. | des comp. | mort. de12p. | mort. de1op. | mort. de 8 p. | obus. de 8 p. | | lescap. comm. les bat. | les ch. de bataill. | lescap. en second |
| 1. Cimetière (a). | 6 | 3 | » | » | 8 | » | Les 5 mortiers de droite dirigés sur la citadelle, et les 3 de gauche sur les ouvrages de la place. | Bezault. | Rapatel. | Aubert Devincelles. |
| 2. Ste-Lucie. | 8 | 7 | 5 | » | » | • | Dirigée primitivement sur la Maison-Blanche et le faubourg de la Rochapéa, puis sur le bastion Gonzague. | Doublet. | | |
| 3. Des Mamelons (b). | 3 | 1 | 3 | » | » | 2 | Dirigée sur le bastion Gonzague et le front de la Taconera. | Morel. | | |
| 4. Mendillori. | 3 | 2 | 3 | 3 | » | » | Sur le bastion Reding et le front Saint-Nicolas. | Thiéry (S.) | Molin. | Guy. |
| 5. Puente de la Rayna. | 7 | 6 | 1 | 2 | » | 2 | Sur le centre du front de l'attaque contre la citadelle. | Graffan. | | |

(a) Par suite de l'ordre de M. le Maréchal, du 12, on prit 2 mortiers de 8° à cette batterie pour augmenter l'armement de la batterie du fort du Prince; un autre mortier de 8° se trouvant hors de service, l'armement de la batterie du Cimetière ne fut plus que de 5 mortiers de 8°, à partir du 12 septembre.

(b) L'armement de cette batterie fut diminué, le 9, d'un mortier de 12° qui se trouva hors de service.

(Suite du Nº 6.) *Note relative aux batteries de brèche nº 3 bis et Fort-du-Prince.*

| NOMS des batteries. | NUMÉROS des régim. | des comp. | ARMEMENT des batteries. | | ORJETS DES BATTERIES. | NOMS DE MM. lescap. comm. les bat. | les ch. de bataill. | lescap. en second |
|---|---|---|---|---|---|---|---|---|
| 6. Dite de brèche. | 7 | 5 | 6 canons de 24. | » | Battant en brêche la Puerta-Nueva et le mur de droite et de gauche. | Vallan-tin. | Cuve-lier. | Reboul |
| Nº 3 (bis). | 8 | 7 | » | 4mort.12° 2 mort. 8° 2 ob. | Pour battre le bastion Gonzague et le front de la Taconnera. | M.Dou-blet. | | |
| Fort du Prince. | 7 | 8 | 1mort.10° 8° fr. | » | Dirigeant ses feux sur le front d'attaque et sur les ouvrages du front Saint-Nicolas. | | De Quelo. | Guy. |

*N. B.* Après la cessation du feu de la batterie nº 6 et l'explosion du nº 3 bis, cette dernière batterie fut reprise par une section de la 5ᵉ compagnie du 7ᵉ régiment (lieut. Born), la compagnie Doublet étant devenue trop faible.

(N° 7.) *Tableau présentant tous les détails relatifs aux 8 batteries de l'attaque contre la citadelle.*

| NUMÉROS des batteries | NUMÉROS | | ARMEM. DES BATTERIES. | | | | OBJETS DES BATTERIES. | NOMS DE MM. | | |
|---|---|---|---|---|---|---|---|---|---|---|
| | des régim. | des comp. | canons de 16. | canons de 12. | obus de 8° fr. | mort. de 12 p. | | les cap. comm. les bat. | les ch. de bataill. | les cap. en second |
| 1. | 1 | 1 | 4 | 4 | 1 | » | Ricochait, avec l'obusier, le chemin couvert de la demi-lune de gauche du front d'attaque ; elle ricochait la face droite de la demi-lune, avec les 2 pièces de gauche, et contrebattait, avec les 2 autres, l'autre face de cette demi-lune, ou la face gauche du bastion du centre de l'attaque. Enfin, elle contrebattait, avec les 4 pièces dirigées sur la place, les ouvrages du front Saint-Nicolas qui l'inquiétaient. | Jacquin. | De Quélo. | Guy. |
| 2. | 3 | 1 | 4 | 2 | » | » | Ricochait, avec les 2 pièces de gauche, la face droite du bastion du centre de l'attaque, et contrebattait, avec les 4 autres pièces, l'autre face de ce bastion. | Morel. | | |
| 5. | 1 | 2 | 5 | » | » | 1 | Contrebattait la face droite et le cavalier du bastion de gauche du front d'attaque ; avec le mortier, elle jetait des bombes sur le cavalier. | Poilleux. | | |
| 4. | 3 | 2 | 2 | 2 | 1 | » | Ricochait avec l'obusier le chemin couvert de la demi-lune de gauche du front d'attaque. Elle ricochait, avec les 2 pièces de droite, la face gauche de cette même demi-lune et contrebattait, avec les deux autres la face droite, du bastion de gauche du front d'attaque. | Thiéry (S.) | Rapatel. | Aubert Devincelles. |

| NUMÉROS des batteries | NUMÉROS | | ARMEM. DES BATTERIES | | | | OBJETS DES BATTERIES. | NOMS DE MM. | | |
|---|---|---|---|---|---|---|---|---|---|---|
| | des régim. | des comp. | canons de 16. | canons de 12. | obus de 8c fr. | mort. de 12 p. | | les cap. comm. les bat. | les ch. de bataill. | les cap. en second |
| 5. | 6 | 3 | 2 | 2 | 1 | » | Ricochait, avec l'obusier, le chemin couvert de la face droite de la demi-lune de droite du front d'attaque. Elle ricochait, avec les 2 pièces de gauche, la face droite de cette même demi-lune, et contrebattait avec les deux autres la face gauche du bastion de droite du front d'attaque. | Be-zault. | Molin. | Elias. |
| 6. | 7 | 6 | 4 | 2 | » | » | Ricochait, avec les 2 pièces de droite, la face gauche du bastion du centre de l'attaque, et contrebattait, avec les quatre autres, la face droite de ce même bastion. | Graf-fan. | | |
| 7. | 8 | 2 | 5 | » | » | 1 | Contrebattait la face gauche du bastion de droite du front d'attaque, et lançait des bombes dans ce même bastion. | De-broca. | | |
| 8. | 8 | 5 | 2 | 4 | 1 | » | Ricochait, avec l'obusier, le chemin couvert de la face gauche de la demi-lune de droite du front d'attaque. Elle ricochait, avec les 2 pièces de droite et de gauche de cette même demi-lune, et contre-battait avec les autres la face droite du bastion du centre du front d'attaque ; enfin, avec les 2 pièces de retour qui auraient été placées incessamment, elle eût contrebattu les ouvrages du front de la Taconnera qui l'inquiétaient. | Dou-zon. | | |

(N° 8.) *Relevé des hommes, appartenant à l'artillerie seulement, tués ou blessés du 3 au 16 septembre.*

| OFFICIERS. | | TUÉS. | BLESSÉS | | OBSERVATIONS. |
| --- | --- | --- | --- | --- | --- |
| Tués. | Blessés. | Sous-Officiers et Canonniers. | grièvement. | légèrement. | |
| 1 (a) | 3 (b) | 12 | 17 | 33 | (a) M. Choffé, lieutenant en premier.<br>(b) M. Poilleux, capitaine en premier. } n'ont pas cessé<br>M. Emmery, lieutenant en se- } leur service.<br>cond.<br>M. d'Herbelot, lieutenant en second, blessé à la tranchée par une voiture. |

*(N° 9.) Consommations en poudre et en projectiles du 3 au 16 septembre inclus.*

| DATES des jours. | BOULETS. | PROJECTILES creux. | POUDRE. kilog. | OBSERVATIONS. |
|---|---|---|---|---|
| 3 sept. | 137 (de 16) | 650 | 1699 | |
| 4 | » | 570 | 1388 | |
| 5 | » | » | » | |
| 6 | » | 221 | 490 | |
| 7 | » | » | » | |
| 8 | » | 444 | 1060 | |
| 9 | » | 284 | 780 | |
| 10 | » | 276 | 700 | |
| 11 | » | 78 | 2800 | |
| 12 | » | 427 | 1770 | |
| 13 | 200 (de 24) | 829 | 3402 | |
| 14 | » | 259 | 1261 | |
| 15 | » | 300 | 907 | |
| 16 | 2474 (de 16 ou de 12) | 841 | 6886 | |
| Totaux. . | 2811 (24, 16 ou 12) | 5179 obus ou bombes. | 20623 kilogr. de poudre. | |

(N° 10.)

# ORDRE DU JOUR.

Orcoyen, le 16 septembre 1823.

L'artillerie a ouvert le feu ce matin avec une supériorité qui est du meilleur augure pour les opérations du siége. M. le Maréchal se plaît à lui en témoigner sa satisfaction. MM. les officiers supérieurs et les capitaines commandant les batteries ont parfaitement dirigé les canonniers qui ont mis de la précision et de la justesse dans le tir, du sang froid et une sage lenteur dans le feu et ont pris un ascendant marqué sur les batteries de la place.

M. le Maréchal espère que l'artillerie soutiendra son avantage, et par ses brillans résultats contribuera puissamment au succès qui doit couronner bientôt les travaux de l'armée.

Par ordre de M. le Maréchal,

Le maréchal de camp chef de l'Etat-major général,

Sᴛ.-CYR-NUGUES.

## Noᴛᴇ A.

Saint-Sébastien est une des principales villes du canton de Guipuscoa. Cette place est forte par sa position, étant située entre deux bras de mer qui en font une presqu'île, et à l'embouchure de la petite rivière d'Uruméa. Une éminence lui sert comme de digue, du côté de l'Océan. La ville, flanquée de bastions et de demi-lunes, est protégée par une citadelle, qui est placée sur une montagne presque ronde, assez élevée, sans arbres, et où l'on monte par une rampe en forme de spirale.

Saint-Sébastien a un petit port, fermé par deux môles laissant un espace très resserré, pour le passage des navires qui trouvent un abri contre les vents derrière une chaîne de rochers. Ce port peut contenir de vingt-cinq à trente vaisseaux.

Avant la guerre de 1808, Saint-Sébastien était une ville bien bâtie, riche et populeuse. Sa prospérité dura même pendant tout le temps de la guerre de l'invasion, alors que les Français y tenaient garnison. Mais après la bataille de Vittoria, cette garnison y soutint un siége long et meurtrier contre les Anglais. Ces alliés du peuple espagnol, irrités de la résistance héroïque d'une poignée de braves ( parmi lesquels se distinguèrent deux capitaines d'artillerie, Gorse et Duhamel ), s'en vengèrent sur les habitans et sur la ville qui devînt le théâtre des plus horribles excès. Ruinée par ceux qui prétendaient la délivrer, Saint-Sébastien n'a pas encore réparé ses pertes.

Sans former le siége de la place, au commencement de la campagne de 1823, les troupes françaises n'en resserraient pas moins davantage chaque jour la ligne du blocus et s'approchaient peu à peu des glacis.

Le gouverneur voulant en rendre les abords plus difficiles prit la résolution de détruire le faubourg de Saint-Martin, qui nuisait à la défense de la ville.

En conséquence, le 15 juillet, à onze heures du soir, il tenta une sortie avec 600 hommes, qui se portèrent sur le faubourg, dans le but de l'incendier. Deux de nos compagnies d'élite suffirent pour le repousser sur tous les points.

Le blocus de Saint-Sébastien se continua sans événement mémorable jusqu'à la capitulation.

## NOTE B.

Lérida, célèbre dans les temps anciens et modernes, renferme environ 18,000 habitans. Située sur la grande communication de l'Aragon avec la Catalogne, à 25 lieues de Barcelonne et autant de Sarragosse, cette ville, aux bords du Sègre, avec un pont en pierre, est à peu de distance de l'Ebre et de la Cinca. Son importance stratégique est d'autant plus grande qu'elle commande en quelque façon les plaines d'Urgel, appelées le grenier de la Catalogne.

La ville proprement dite s'étend le long de la rive droite du Sègre. Elle est défendue sur une grande partie de son développement par la rivière même. Sur la rive gauche, on a construit une tête de pont consistant en une simple lunette, entourée d'un fossé avec un bâtiment carré pour réduit.

L'enceinte de la ville, du côté de terre, se forme d'une muraille sans fossés ni chemins couverts, partie terrassée et bastionnée, partie flanquée de tours.

La véritable force consiste dans le château qui couvre presque entièrement la ville et la domine du sommet d'une colline, élevée de près de 70$^m$ au-dessus de la rivière. Un donjon d'une grande hauteur et autour duquel se groupent des bâtimens assez vastes, d'une construction solide, occupe la cîme de la colline. La fortification qui l'entoure forme un carré irrégulier de 150$^m$ de côté extérieur, flanqué de bons bastions de 12 à 14$^m$ d'escarpe. Le front de l'ouest est le seul qui ait des fossés; ailleurs les murailles sont à découvert; mais leur base est si élevée au-dessus de la campagne environnante qu'il ne se présente à l'assiégeant aucun emplacement favorable pour l'établissement des batteries de brèche. Les fronts du sud et de l'est qui regardent le Sègre et la route de Balaguer sont bâtis sur des escarpemens très-raides et presque inattaquables. Celui du nord qu'on pourrait appeler le *front de secours*, parce qu'il est le seul qui donne immédiatement sur la campagne, est aussi d'un difficile accès par son grand commandement et par la nature du terrain des approches, formé presque entièrement de roc. Le front de l'ouest présente seul une pente assez douce, et l'on pourrait s'en approcher par une attaque régulière; mais il faudrait auparavant être maître de la ville et du fort *Garden*, qui verrait les tranchées à dos.

*Garden* est bâti sur la croupe d'un plateau qui domine l'extrémité occidentale de la ville à 600$^m$. Ce fort a été couvert par un ouvrage à cornes que les Anglais firent construire en 1810 et dont la droite borde un escarpement et la gauche se rattache à une ancienne redoute. Les fossés ont été taillés dans un tuf très-dur et présentent une escarpe et une contre escarpe à pic, de 5 à 6$^m$ de hauteur, qui peuvent le faire regarder comme à l'abri d'une attaque de vive force. Les Anglais avaient en outre élevé, à l'extrémité opposée du plateau, deux grandes redoutes, dites l'une du *Pilar*, l'autre de *San Fernando*, qui se trouvaient à plus de 1500$^m$ de la ville et à 700$^m$ seulement du nouvel ouvrage à cornes.

Toutes ces fortificatious sont susceptibles d'une longue défense.

En 1644, don Felippe de Silva attaqua Lérida défendue par 9,600 Français et 2,000 paysans catalans, et la réduisit plutôt par la famine que par la force. — En 1646, les Français, commandés par le comte d'Harcourt, tentèrent, mais envain, de prendre Lérida par famine. — En 1647, le grand *Condé* ouvrit la tranchée entre le côté nord du château et leva le siége au bout de vingt jours. — Dans la guerre de la succession, en 1707, le duc d'Orléaus vint assiéger Lérida en présence de lord Gosloway, et finit par s'en emparer. — En 1810, le général Suchet assiéga et prit Lérida après une défense opiniâtre.

---

## ERRATA.

Page 10, 9e ligne, *lisez :* imposa *au lieu de* en imposa.

*Idem,* 26e ligne, *lisez :* échanger les mauvaises pièces *au lieu de* échanger ces pièces.

Page 12, 17e ligne, *lisez :* à des épreuves *au lieu de* aux épreuves.

Page 32, 19e ligne, *lisez :* le colonel de Saint-Gilles au lieu de Saint-Germain.

# NOTE
## SUR LES OPÉRATIONS DE L'ARTILLERIE

DANS LA VALLÉE D'URGEL,

EN 1823.

( *Voyez* le plan. )

### Reconnaissance préliminaire.

Le pays d'Urgel a pour centre un bassin assez étendu, formé par la rencontre des vallées d'Andorre et de la Sègre et par le prolongement de cette dernière. Il est riche, fertile en vins et en grains; sa situation est très-avantageuse, il communique avec le Roussillon par la vallée de la Sègre et la Cerdagne, avec le pays de Foix par la vallée d'Andorre et avec l'intérieur de la Catalogne et l'Arragon par la vallée de la Sègre, qui passe à Lérida et se jette dans l'Ebre près de Méquinenza; mais le mauvais état des chemins qui sont à peine praticables pour les mulets, diminue de beaucoup les avantages qu'il pourrait retirer de sa position.

Les forts sont situés au milieu de ce bassin sur une montagne isolée, étroite et alongée, qui s'élève sur la rive droite de la Balire et de la Sègre : cette montagne se compose de quatre mamelons liés entre eux par des contreforts assez étroits. Le premier mamelon et le plus élevé est occupé par le village de Montferret, son plateau est long et étroit; il communique avec la deuxième par une espèce d'isthme fort resserré : sur ce deuxième plateau est bâtie la citadelle dont les fortifications irrégulières sont assez bien adaptées au terrain. Du côté de Montferret, par lequel l'abord de la place serait le plus facile, on a construit un front bastionné avec demi-lune, chemin couvert, et lunette en avant de la demi-lune. Ce front, assez semblable à un ouvrage à cornes par ses deux grandes faces, est fermé à la gorge par un mur en partie crénelé et en partie palissadé. Ce mur rattache le front bastionné au chemin couvert d'un réduit fort élevé, et à l'épreuve de la bombe, qu'on nomme le Macio. La citadelle renferme un vaste bâtiment à l'épreuve servant de magasin et de caserne, placé le long de la face gauche de l'ouvrage à cornes; il y a de plus un beau magasin à poudre, et une caserne adossée à la branche droite du même ouvrage.

Sur le troisième mamelon, qui est un peu moins élevé que le deuxième, est un autre fort que l'on nomme le Castillo. Ce fort devait être un carré bastionné, mais on n'a fini que trois des bastions et une demi-lune. Le tracé est assez régulier, les dehors ne le sont pas et sont contournés suivant la forme du terrain. Le Castillo a un magasin à poudre et une caserne à l'épreuve qui peuvent servir de réduit; sous la courtine, devant laquelle il y a une demi-lune, on a construit un autre bâtiment à l'épreuve servant de caserne et d'hôpital.

Entre la citadelle et le Castillo se trouve le village de Castel-Ciudad, qui est en partie palissadé extérieurement et susceptible d'une assez bonne défense.

Enfin sur le quatrième mamelon, moins élevé que les trois autres, est la petite tour de Solsone, nommée aussi la Tourette, qui communique par une double caponnière avec le Castillo. Cette tour a deux étages à l'épreuve, on n'y entre qu'à l'aide d'une échelle. La plate-forme peut être armée d'une pièce de petit calibre : c'est un poste de vingt à vingt-cinq hommes; il y a un fossé très-profond.

On n'arrive aux forts que par le village de Castel-Ciudad qui a deux entrées principales : l'une du côté de la vallée qui sépare les forts des montagnes, elle est palissadée et fermée par une barrière; l'autre communique à un chemin qui aboutit à un pont sur la Balire du côté de la Seu. Le pont et le chemin sont défendus par un mur crénelé et par une espèce de lunette circulaire construite sur un petit mamelon en avant du Castillo.

La Balire, qui vient de la vallée d'Andorre, coule au pied des forts. Depuis le village de Castel-Ciudad jusqu'au delà de la citadelle, sa rive droite est hérissée de rochers à pic, ce qui rend la place presque inabordable de ce côté. En général les pentes des hauteurs sont très-rapides et souvent très-escarpées ; les abords de la place et les chemins qui y conduisent sont battus à une grande distance par le canon des forts.

Presque parallèlement aux trois forts règnent des hauteurs qui les commandent un peu et qu'on nomme le plat de Benavaral et le Corpe ; elles ne sont séparées des forts que par un ravin.

La ville de la Seu est située à 600 toises environ du village de Castel-Ciudad ; elle en est séparée par la Balire et par une plaine assez fertile parsemée de jardins et coupée par quelques ruisseaux d'irrigation. Elle est entourée d'un mauvais mur que dans quelques endroits on peut franchir facilement. Elle a quatre entrées, l'une du côté de France par la route de Puycerda, la deuxième conduit à la vallée d'Andorre, la troisième communique avec le chemin d'Arfa, et la quatrième placée entre les deux précédentes mène à Castel-Ciudad. Il serait facile de mettre la ville à l'abri d'un coup de main ; elle a une vaste église qui pourrait servir de réduit et de magasin.

Quoique les forts soient situés d'une manière très-favorable, et que les fortifications soient en assez bon état et susceptibles avec très-peu de travaux d'une résistance très-vigoureuse, la principale difficulté qu'une armée assiégeante aura à vaincre, sera de faire arriver son artillerie à proximité de la place.

### Travaux de l'artillerie.

Tous les chemins qui viennent de France, ou de l'intérieur de l'Espagne, ne sont praticables que pour des mulets. Cependant cet obstacle n'est pas tel qu'on ne puisse le vaincre, et l'exposé succinct que nous allons faire des résultats obtenus en 1823, avec de faibles ressources, prouvera qu'on pourrait faire beaucoup plus encore avec des moyens suffisans.

Des rapports erronés, et principalement les offres qui furent faites par un habitant du pays, déterminèrent, en 1823, à faire venir les bouches à feu et une partie des approvisionnemens nécessaires du fort de Cardona qui était tombé au pouvoir des Français. On tira de cette place deux pièces de 12 de siége, deux de 8 de siége et deux obusiers de 6°. Elles devaient être conduites par des mulets de trait; mais, après une journée de marche et lorsqu'on arriva près de Solsone, on fut obligé de tracer des chemins sur une étendue de plusieurs lieues. On avait d'abord essayé de mettre les pièces de 12 sur des traîneaux, montés sur des rouleaux d'affût de côte, mais on y renonça bientôt à cause de la difficulté du tirage qui était augmentée par des pluies presque continuelles.

Enfin, à force de bras, et au bout de dix à douze jours de marche, les pièces arrivèrent au parc après avoir parcouru environ vingt lieues de pays. Ce transport, quoique très-pénible, a été favorisé par un concours de circonstances sur lesquelles il ne faudrait pas compter dans une autre occasion. Les paysans eux-mêmes traînaient nos pièces, que l'on ne pouvait faire marcher que l'une après l'autre, de sorte que la première était quelquefois à deux journées en avant de la dernière. Le nombre des troupes chargées de les escorter était trop faible pour les garder et les défendre contre le moindre parti. Sans entrer dans un plus grand détail sur cette opération, je crois pouvoir assurer que dans une guerre ordinaire et en supposant qu'aucun corps nombreux de l'ennemi ne put donner d'inquiétudes, il faudrait au moins 1000 à 1200 hommes pour opérer avec sécurité et promptitude le transport de l'artillerie nécessaire à un siège des forts d'Urgel, en partant de Cardona.

Les difficultés de transport de Mont-Louis à Urgel ont été exagérées et bien que le chemin ordinaire ne soit pas praticable, nous ne croyons pas qu'il y eut autant de difficultés à beaucoup près à tirer l'artillerie de cette place que de Cardona. Car l'entreprise des vivres et des transports de Mont-Louis à Urgel, a conduit, par ses propres moyens et par le chemin ordinaire, un obusier de 24 sur son affût et a offert d'amener des pièces de 16.

Il existe d'ailleurs à ce qu'il paraît des traces d'un ancien chemin ouvert dans la guerre de la succession par le maréchal de Noailles et qu'on nomme dans le pays le chemin des canons ; il ne serait pas impossible de le retrouver.

La ville d'Urgel est un lieu très-convenable pour établir le dépôt d'un parc de siége. L'église qui est vaste et susceptible d'être mise dans un bon état de défense, serait très-propre à cet usage ; malheureusement ce ne pourrait être qu'un dépôt provisoire, puisque l'attaque ne pouvant avoir lieu de ce côté, il faut nécessairement s'établir vers l'autre.

Dans le siège de 1823, une grande partie des munitions et presque tout le matériel venant de Cardona, il était inutile de rien faire parvenir à Urgel. Cependant comme on avait aussi tiré de Mont-Louis cinq mortiers de 6° à semelle, venus à dos de mulet, ainsi que les bombes, les obus, une partie de la poudre, les sacs à terre, les outils à pionniers, etc., on établit d'abord un magasin dans l'église de la Seu.

Le parc proprement dit fut établi en arrière au pied du plat de Benavaral près d'une maison, nommée la ferme de Calmarck, devant laquelle les 1ʳᵉ et 16ᵉ compagnies du 5ᵉ régiment d'artillerie à pied établirent leurs baraques et formèrent des ateliers de gabionnage. Au pied de la montagne on construisit deux grands magasins à poudre. En avant du parc et pour sa sûreté, était baraqué un demi bataillon d'infanterie.

La communication entre les deux parcs n'était pas facile parce qu'on n'avait que deux chemins, dont l'un, celui d'Arfa, passe à portée de mitraille de la citadelle et l'autre, qui va par la montagne du côté d'Andorre et traverse le village d'Anserrail, est très-long et très-difficile pour les mulets.

Pour l'arrivée de l'artillerie de Cardona on avait été obligé de construire un pont sur la Sègre, vis-à-vis le village d'Adrail, à 1/2 lieue au dessous d'Arfa. Il fut fait en chevalets construits en peuplier vert et chevillés en chêne. Quoique la Sègre ne soit pas forte, elle a en cet endroit au moins 20 à 25 mètres de large et 1 mètre à 1 mètre 30 de profondeur ; elle est de plus assez rapide et sujette à des crues presque instantanées.

Tout le matériel conduit à Urgel consistait en 13 bouches à feu ; dont 2 pièces de 12 de siége, 2 de 8 de siége, 2 obusiers de 6°, 1 obusier de 24 et une pièce de 4 de campagne. La place était armée de 49 bouches à feu presque toutes de gros calibre.

Ces moyens ne permettant pas d'entreprendre un siége en règle, on se détermina à élever des batteries destinées à éteindre le feu de la place, afin de pouvoir exécuter ensuite une attaque de vive force qui était ordonnée.

Le lieu le plus favorable pour l'emplacement de ces batteries était le Corpe. Cette hauteur est à la suite du plat de Benavaral, à 600 mètres environ des forts et les commande de 15 à 16 mètres au moins.

Le terrain, dans cet endroit est un roc recouvert de quelques pouces de terre végétale, on se trouva donc forcé de construire les batteries en terres rapportées.

Comme il n'était pas possible en traçant les batteries de les placer sur le prolongement de quelque branche des ouvrages, on se contenta de les diriger de manière à prendre de revers le front bastionné de la citadelle, la demi-lune et la lunette, et à battre de plein fouet les autres parties. On ne s'occupa que de la citadelle qui était le point principal ; cependant, dans la deuxième nuit du feu, le retour de la batterie du centre, destiné à la garantir des coups d'écharpe du Castillo et de la tour de Solsone, fut prolongé et l'on y plaça l'obusier de 24 pour contrarier l'ennemi, qui s'était retiré en grand nombre dans le Castillo, d'où il incommodait nos batteries avec deux obusiers.

Bien que les travaux fussent poussés avec toute l'activité possible, on ne put commencer le feu qu'après la troisième nuit ; parce qu'à l'inconvénient de rapporter toutes les terres, se joignait une pluie presque continuelle et l'impossibilité de relever les canonniers, qui, n'étant pas en nombre suffisant, furent obligés de travailler presque tous pendant 72 heures.

Les pièces avaient été conduites aux batteries à force de bras pendant la plus grande partie du trajet, et ensuite par des mulets et des chevaux du train, au moyen de chemins tracés et faits exprès.

La position des batteries était très favorable ; car, outre le commandement qu'elles avaient sur les forts, elles en étaient séparées par une vallée assez profonde qui en rendait la garde facile ; de plus à droite, et à gauche en arrière, il y a deux ravins à couvert du feu de la place et dans chacun desquels on avait placé les gardes ; aussi l'ennemi ne tenta qu'une seule fois de les attaquer et fut facilement repoussé.

L'ordre avait été donné par le maréchal Moncey de tenter une attaque de vive force, après les premiers jours du feu ; mais la nouvelle de la reddition de Cadix était attendue d'un jour à l'autre et la prise des forts d'Urgel devenait sans importance. Quelques jours après ils se rendirent, et l'on s'assura alors que la citadelle pouvait être escaladée sur trois point différens, savoir : à la longue courtine qui regarde le Corpe, à la lunette du front bastionné et à la face gauche de l'ouvage à cornes.

On reconnut aussi, que dans le cas où l'on voudrait entreprendre un siège régulier, il serait facile de cheminer sur le revers de la hauteur de Montferret, jusqu'à une assez petite distance de la place, sans être aperçu, et comme le plateau de cette hau'eur commande la citadelle, les batteries y seraient très avantageusement placées.

Il n'entre pas dans l'objet de ces notes de s'étendre sur l'attaque et la défense complètes des forts ; on a voulu seulement donner une idée de leur position, de leur force, des difficultés à vaincre et des avantages que les localités offrent pour les attaquer, ainsi que des travaux qui ont été exécutés en 1823, par les 1$^{re}$ et 16$^e$ compagnies du 5$^e$ régiment d'artillerie à pied.

En résumé, la plus grande difficulté à vaincre dans l'attaque des forts est d'amener l'artillerie de gros calibre, mais cette difficulté n'est pas tout à fait insurmontable comme on l'a pensé jusqu'à présent : avec de la persévérance, on pourra faire venir de Mont-Louis tout ce qui sera nécessaire ; le succès ne dépendra plus alors que de l'énergie de l'attaque et de la défense.

FIN.

---

Imprimerie de Mad. de Lacombe, 1, faubourg Poissonnière.

TABLEAU DES OPÉRATIONS DE L'ARTILLERIE PENDANT LE SIÈGE DE PAMPELUNE, EN 1823.

Pl. 3

PAMPELUNE
A
B

Montbilloberg
Burlada
Arga R.
Ruisseau

Légende
A Ville.
2. Communication avec la Citadelle.
3. Porte St Nicolas.
4. Bastion et Cavalier de la Reine, ou de St Nicolas.
5. Porte de la Vaudevia.
6. Bastion d'Albret.
7. Bastion des Carmes, ou de France.
8. Porte de France.
9. Bastion Rotboy.
10. Bastion St Roch.
11. Porte secrète.
12. Porte neuve.
13. Btion Gonzague.
14. Btion de la Tacanera.
15. Porte de la Tacanera.
16. Communication avec la Citadelle.
17. Lunette Barthélemie.
18. Fort du Prince.

Légende
Citadelle B
Porte principale C
Bastion Saint Antoine 1
Bastion Royal 2
Bastion Ste Marie 3
Porte de secours D
Bastion St Jacques 4
Bastion de la Victoire 5

Chin de Roncevaux
Maison rouge
Couvent des Capucins
mamelons
Redoute Ste Lucie
Échelle de 1/10000
Arga R.

Journal de l'Inf.ie et de la cavalerie.      N.º 2. 2.me Année Avril 1835. T.2.

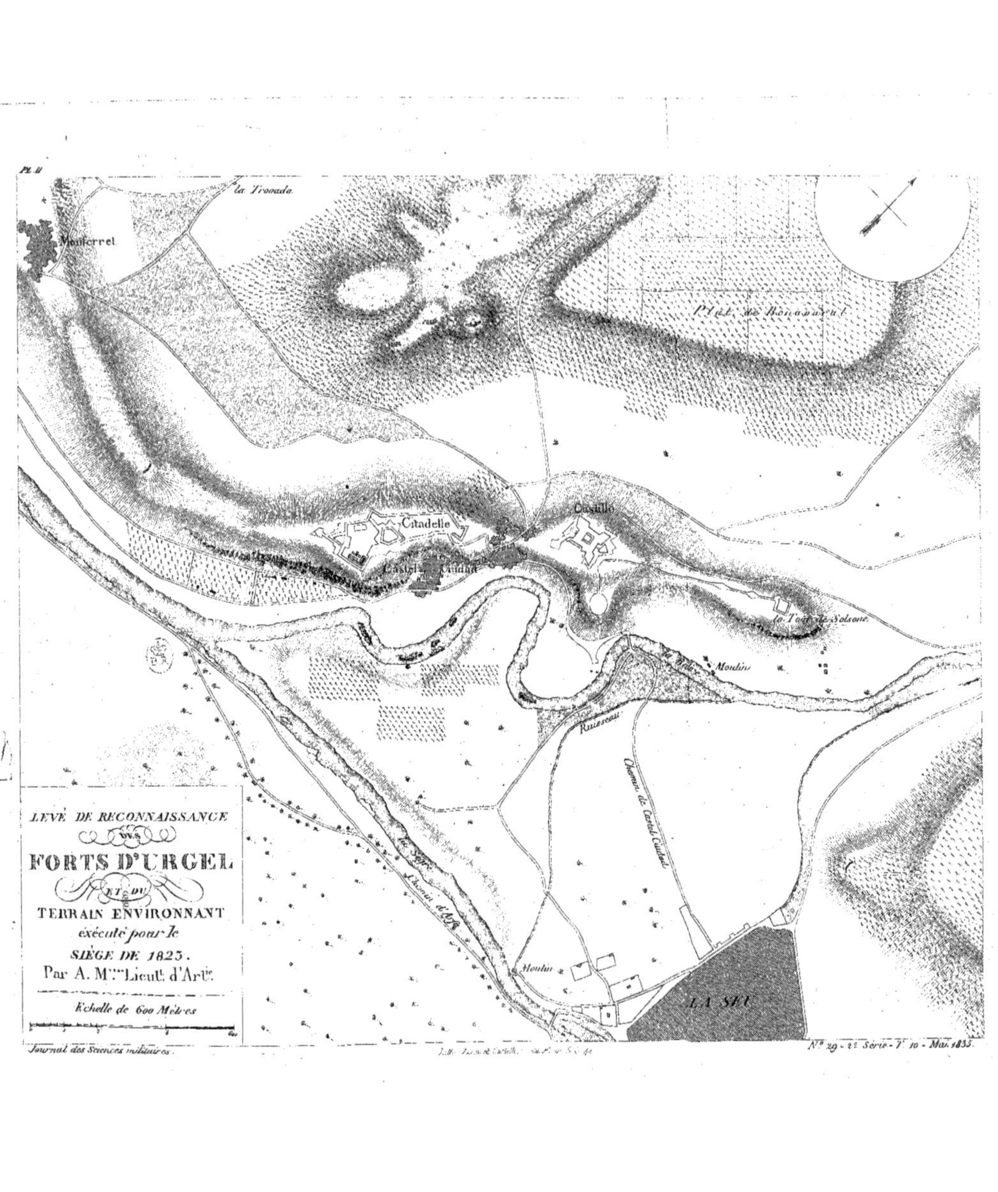

Pl. II
la Trovada
Monferret
Pl.au. de Bonavasul
Citadelle
Castillo
Castel Ciudad
la Torre de Solsone
la Ville - Moulin
Ruisseau
Chemin de Castel Ciudad
Chemin d'Urgel
Moulin
LA SEU
LEVÉ DE RECONNAISSANCE
des
FORTS D'URGEL
ET DU
TERRAIN ENVIRONNANT
exécuté pour le
SIÈGE DE 1823.
Par A. M... Lieut. d'Art.
Echelle de 600 Mètres
Journal des Sciences militaires.
N° 29 - 2e Série - T. 10 - Mai 1833.

www.ingramcontent.com/pod-product-compliance
Ingram Content Group UK Ltd.
Pitfield, Milton Keynes, MK11 3LW, UK
UKHW020003100726
13658UKWH00002B/788